AUTOBIOGRAFIA PRECOCE

Copyright © 2020 by herdeiros de Patrícia Galvão

Grafia atualizada segundo o Acordo Ortográfico da Língua Portuguesa de 1990, que entrou em vigor no Brasil em 2009.

Capa e projeto gráfico Elaine Ramos
Fotos Acervo Lúcia Teixeira / Centro Pagu Unisanta
Preparação Silvia Massimini Felix
Revisão Ana Maria Barbosa e Jane Pessoa

Dados Internacionais de Catalogação na Publicação (CIP)
Câmara Brasileira do Livro, SP, Brasil

Galvão, Patrícia, 1910-1962
Pagu: Autobiografia precoce / Patrícia Galvão. —
1ª ed. — São Paulo: Companhia das Letras, 2020.

ISBN 978-85-359-3350-5

1. Escritoras brasileiras – Autobiografia
2. Galvão, Patrícia, 1910-1962 I. Título.

20-34975   CDD 928.699

Índice para catálogo sistemático:
1. Escritoras brasileiras : Autobiografia 928.699

Cibele Maria Dias – Bibliotecária – CRB-8/9427

[2020]
Todos os direitos desta edição reservados à
EDITORA SCHWARCZ S.A.
Rua Bandeira Paulista, 702, cj. 32
04532-002 — São Paulo — SP
Telefone: (11) 3707-3500
www.companhiadasletras.com.br
www.blogdacompanhia.com.br
facebook.com/companhiadasletras
instagram.com/companhiadasletras
twitter.com/cialetras

Não escreverei aqui hoje sobre a morte ou sobre mortes. Quero escrever sobre a vida, pois há pequeninas flores sob as esbeltas palmeiras, é uma noite com certa aragem respingada finíssima e fria, e o visitante foi embora depois do Porto de honra em homenagem a... Devo guardar um pouco de modéstia. Lembrar, no entanto, a visita de Vida que você me fez, com o seu livro de notas da escola, os resultados de sua obstinação, depois de sessenta dias pregado na cama.

Agradeço, hoje, a visita de Vida que você me fez e a sua bondade, e os seus olhos, e o seu sorriso de criança. E fico pensando na vida das naus que partem deste porto de pedra, que se vão para os seus destinos pela costa, pelas enseadas, um amor em cada porto, um porto em cada trecho de areia, e o sonho que perseguem com as suas velas brancas abertas aos ventos, brancas velas de alvíssimas aves, o olhar audacioso bicando a cortina distante do horizonte. O mais, sim, o mais é a viagem.

Os ventos brancos que enfunam a esperança, a quilha que corta rápida e ligeira, a asa que agora descansa flébil sobre esta parede de vento e vai deixando se levar pela onda e pelo espaço varrido, ondulado. Quem bate? Certamente é você de novo, com as suas notas da escola, seu amor, seu coração e seu carinho no olhar de visita da Vida. Obrigada. Não foi agora você que veio, mas apenas a sua lembrança. Um Porto de honra, pois, ao seu esforço e à sua serenidade.

Rasga essas ondas, vai, cheio de ares importantes de verdade, mas simples no gesto tão amigo, que eu não esperava de você tanta felicidade, minha criatura.

O mais, o mais é estouvamento e o contraste de todos os encontrões pela rua. A mulher que ficou sozinha no apartamento do Flamengo e pensavam que tinha ido viajar. O corretor que...

Não, não quero falar de morte, hoje, pois houve uma grande visita da Vida, e uma visita de ramos de rosas pela testa olímpica, gentil, serena, fagueira. É noite e desejo para o seu sono e o seu descanso todas as aragens silenciosas da terra, as mais leves aragens, uma suave luz azul, um embalo de mar que nem uma berceuse, oleosa, sem ondas e sem dores. Recebe as minhas mãos molhadas desta água do meu mar represado nestas pálpebras, recebe-as, a essas mãos, sobre os cabelos noturnos com que dorme essa cabeça, meu filho. — Pt.

Meu Geraldo,

Seria melhor que tudo fosse deglutido e jogado fora.
 Pela prisão, tempo-prisão, mundo que começa no nosso portão. Talvez não valesse a pena a gente passear retrospectivamente. Sempre implica marcha a ré. Sou contra a autocrítica. O aproveitamento da experiência se realiza espontaneamente, sem necessidade de dogmatização.
 É que hoje tudo está brilhante. Eu te amo e nada mais tem importância. A exaltação desta manhã de luz cobre toda a inquietação persistente. Você é um homem. Eu sou uma mulher que é sua, meu homem.
 O meu corpo quer extensão, quer movimento, quer zigue-zagues. Sinto os ossos furarem a palpitação da carne. As folhas estão verdes. As azaleias morrendo. Esse ventinho doloroso.
 Talvez eu não devesse começar meu relatório hoje. Com olhos de sol. Que preguiça de pensar. A longa história cansa.

Não será ainda uma modalidade de fuga? Uma justificativa contra o conhecimento? Quero rolar na areia e esquecer... Se eu tivesse a certeza de que não me custaria nada falar, eu não falaria. Escrever já é um desvio favorável ao esconderijo. No fundo, eu penso na defesa dos detalhes, porque sei que os detalhes justificarão em parte minha maneira de ser. Ou não. A minúcia será o castigo de minha covardia. Minha humilhação está na minúcia.

Por que dar tanta importância à minha vida? Mas, meu amor: eu a ponho em suas mãos. É só o que tenho intocado e puro. Aí tem você minhas taras, meus preconceitos de julgamento, o contágio e os micróbios. Seria bom se eu tivesse o poder de ver as coisas com simplicidade, mas a minha vocação *grandguignolesca* me fornece apenas a forma trágica de sondagem. É a única que permite o gosto amargo de novo. Sofra comigo.

II

Na nebulosa da infância, a sensitiva já procurava a bondade e a beleza. Mas a bondade e a beleza são conceitos do homem. E a menina não encontrava a bondade e a beleza onde procurava. Talvez porque já caminhasse fora dos conceitos humanos.

Toda a vida eu quis dar. Dar até a anulação. Só da dissolução poderia surgir a verdadeira personalidade. Sem determinação de sacrifício. Essa noção desaparecia na voluptuosidade da dádiva integral. Ser possuída ao máximo. Sempre quis isso. Ninguém alcançou a imensidade de minha oferta. E eu nunca pude atingir o máximo do êxtase-aniquilamento: o silêncio das zonas sensitivas.

Talvez eu tenha a expressão confusa. Há uma intoxicação de vida. Parece que a paralisia começa desta vez. É difícil a procura de termos para expor o resultado da sondagem. É muito difícil levar as palavras usadas lá dentro de mim. Geraldo, compreenda, por favor.

O estado provisório da não satisfação completa já me legava outra volúpia — a da procura. Assim, tenho andado farejando toda espécie de ideal.

O primeiro fato distintamente consciente da minha vida foi a entrega do meu corpo. Eu tinha doze anos incompletos. Sabia que realizava qualquer coisa importante contra todos os princípios, contrariando a ética conhecida e estabelecida. Com certeza, havia uma necessidade, mas não era nenhuma das chamadas necessidades, ou melhor, a necessidade nada tinha a ver com a entrega fisiológica do corpo. Antes desse fato, só lembro da inquietação anterior. Não havia falta de compreensão do ambiente. Isso, só depois comecei a sentir. Toda a minha vida. Naquele tempo eu é que não compreendia o ambiente. Eu me lembro que me considerava muito boa e todos me achavam ruim. As mães das outras crianças não queriam que eu brincasse com suas filhas e um dia até fui expulsa da casa do Álvaro George, da livraria, porque não queriam que eu tivesse contato com as suas crianças. Só consentiam ali minhas irmãs. Eu nunca consegui perceber minha perversidade. Tinham me feito assim e jogado em paredes estranhas. Andava então sozinha.

Não tive precocidade sexual. Praticamente, só fui sexualmente desperta depois do nascimento de Rudá. E não foi por precocidade mental que entreguei meu corpo aos doze anos incompletos. Se existia revolta contra as coisas estabelecidas, eu nem pensava nisso. E, no entanto, sabia que agia contra todas as normas e duplamente, pois não era livre o homem que me possuiu. Tinha plena consciência de todas as consequências que eu poderia ser obrigada a enfrentar. E não havia amor na entrega. Tudo se passou sem o menor preparo. A predestinação dos impulsos. Ou a obediência à minha vontade determinante. Vontade que aparecia assim à toa.

Nesse dia, eu devia encontrar meu parente Ismael Guilherme, para uma volta de avião. Deixei a aula, indo procurar, na *Gazeta*, Olímpio Guilherme, que ia me levar ao campo. Quando chegamos, assistimos ao desastre. A poucos metros da morte, fui possuída. Não houve a menor violência de Olímpio, nessa posse provocada por mim.

Eu lhe falei, Geraldo, precisamente sobre isso, hoje. É difícil dizer o porquê das coisas. Muito mais difícil saber o porquê das coisas.

O amor surgiu depois. E avolumou-se na entrega total. Lembro minha submissão absoluta. Não ao homem. Ao amor. Obedecia à clandestinidade por comodidade. O sofrimento de mamãe me incomodava. Sempre procurei evitá-lo, quando isso não impunha uma quebra de resolução. Depois, Olímpio não me amava. Tinha uma situação complicada, que não queria desmanchar socialmente. Eu era uma criança. E só queria amar.

Esse meu primeiro jogo de sentimentos. (É incrível, meu Geraldo, mas quando resolvi lhe contar a memória de minha vida, pensei numa narrativa trágica — sempre achei trágica minha vida. Absurdamente trágica. Hoje parece apenas que lhe conto que fui à quitanda comprar laranjas.)

No meu caso com Olímpio, eu me lembro que houve desconfiança da minha família, por causa de uma carta. Mas, como o subscrito estava dissimulado com o nome de Baby e a assinatura resumida em Guilherme, eu atribuí a carta a Guilherme de Almeida... Houve complicação e papai foi procurar o Guilherme, que, sendo avisado a tempo, confirmou a história. O auxílio dele não impediu que eu fosse espancada e a primeira brecha na cabeça vem daí. Sinto que quero fazer ironia barata. Piadas. Daquelas suas piadas. Não. Tudo é tão cretino.

Minha primeira paixão. Minhas primeiras lágrimas. As primeiras humilhações. Porque com o amor veio o gosto amargo da repulsa pelo sexual. A aversão pela cópula. Mas havia a satisfação da dádiva. Aos catorze anos, estava grávida. E quis agir. Quis sair de casa. Resolvi falar sobre isso com Olímpio. E pedir-lhe que me levasse a um médico que confirmasse a maternidade. Mas não lhe disse nada, porque nesse mesmo dia tudo terminou. Ele me comunicou que partiria naquela semana para os Estados Unidos. O meu orgulho. Lembra? Quanto eu quis chorar, quanto eu sorri.

O que segue foi escrito há meses, na Detenção.

Ia partir. Ele quis falar. Alguma explicação piedosa, mas ela evitou a humilhação. Foi num dia cinzento entre os cedros do Jabaquara. Ficou-lhe a sensação do forte calor nos pés. Um vento gelado e um cachecol escocês voando. "Não diga nada. Vamos voltar para a cidade." Parece que foram essas as palavras.

... Muita gente saindo do cinema. Um cubo grande de vidro cheio de pastéis.

Vontade de ir andando até cair e morrer. Tomei um bonde para Pinheiros. Depois, fui parar no Jardim América. Era o mato. E eu caí, chorei. Mas não morri. Um automóvel passou. Era o Cirilo Júnior. Ele me carregou para a casa da Lolita, que era a pequena dele. Sei que me embriaguei. Que falei muito. Que me levaram ao Luciano Gualberto.

■

O ladrilho pegajoso nos lábios. O que fazer de tanto sangue? Todo o corpo se deformando. Se desfazendo na angústia. O sangue ostensivo entre os dedos, cabelos, olhos, os coágulos monstruosos entupindo tudo. É preciso não deixar esse sangue. É preciso beber esse sangue. Como não morri no auge da alucinação? Sentir nos dentes a consequência de tudo. Como livrar a vida dessa noite?

■

Tive que deixar a escola. Quase um ano sem poder escrever, sem poder segurar qualquer coisa. Noites e dias presa naquela cama odiosa, sem poder quase falar. Só o pensamento torturante. Os braços, as pernas feridas na parede. Mamãe, as noites comigo. Nenhuma solidão. Só a palavra amiga de Guilherme de Almeida, que de tudo sabia.

Depois andei pela vida de novo. Sem vida. Apareceu Euclides. E a perseguição de Cirilo. Com Euclides, eu poderia ter isolamento, solidão, liberdade. Aceitei a proposta, apesar de ela encantar o papai. Ele se casaria comigo. Ele tentava me compreender. Era a minha amizade e o meu refúgio. Num dia em que procurávamos violetas pela cidade, tomamos muita chuva. Ainda gracejamos com a morte. Eu prometi violetas para o cadáver de Euclides. Em consequência da pneumonia dessa tarde, Euclides morreu. Eu me lembro que papai foi me buscar na escola. O corpo de Euclides tinha chegado de Poços e estava torcido no caixão.

Continuava. Nada mais esperava da vida, a não ser, pacientemente, a evasão do ambiente em que vivia. Depois decidiria o resto. Em primeiro lugar, afastar-me. Um lugar onde pudesse respirar, longe de simulações, onde pudesse ser triste e livremente desgraçada. Para passar a maior parte do tempo fora de casa, estudava em três cursos. Faltava pouco para minha formatura e esperava essa oportunidade para, sem choques violentos, procurar o meu caminho. Conversava com Fernandinho Mendes e Olinto Guastini. Únicos colegas suportáveis. Era mais ou menos popular entre as colegas mulheres. A minha insubordinação nas aulas me garantia essa roda de simpatia, mas não achava nenhuma digna de minha preferência, a não ser a Vera, que hoje é casada com o José Olympio. Mas nunca houve grande intimidade entre nós.

Em 1929, conheci Bopp. Era qualquer coisa de novo. Ele e Fernando foram os primeiros que me ouviram com complacência na exteriorização de minha revolta contra a maneira de agir e de ser do resto do mundo conhecido. Bopp me acompanhava diariamente, quando deixava o conservatório. Ele e Fernando me prometeram amizade e compreensão. Eu recebera o diploma da escola. Ia tentar uma vida nova.

Em casa, conhecíamos toda espécie de necessidade e privações. Mas não conhecemos a miséria, mesmo porque a mentalidade pequeno-burguesa de minha família não permitiria que ela fosse reconhecida.

Morei no Brás até os dezesseis anos. Numa habitação operária, com os fundos para a Tecelagem Ítalo-Brasileira, num ambiente exclusivamente proletário. Sei que vivíamos economicamente em condições piores que as famílias vizinhas, mas nunca deixamos de ser os fidalgos da vila operária. A questão social, durante esse tempo, nunca foi examinada com algum interesse. Presenciava manifestações e greves e, se nesses momentos tomava partido, era um parti pris sentimental e, se exaltadamente acompanhava os movimentos, era por pura satisfação de meus sentimentos, à margem de qualquer compreensão ou raciocínio. Aliás, meu egocentrismo era absorvente demais para que eu me impressionasse demasiado com os mais infelizes. Era, naturalmente, contra os patrões, como se não pudesse ser de outra forma, mas nunca pesquisei o motivo nem as causas ou razões da luta de classes.

Um dia, fui recebida com uma tempestade de chinelos, por ter esquecido o tempo numa manifestação de trabalhadores, mas nunca supus que me ofertasse, um dia, inteiramente à causa proletária. A fé e a ilusão chegaram muito mais tarde.

As minhas relações de família sempre foram irregulares e contraditórias. Da mais extrema abnegação sentimental à mais inexplicável indiferença. Da exaltação que dói ao desinteresse absoluto. E tudo quase que ao mesmo tempo. Eram extremamente profundas e superficiais. Durante todo o tempo em que convivi com os meus, fui tratada por meus pais e meus irmãos mais velhos como é tratada a maioria das crianças. Eu não tive infância. Uma vez, você mesmo, Geraldo, falou da minha infância tranquila. Eu sempre fui, sim, uma mulher-criança. Mas mulher. E, ao contrário das outras, não me revoltava o trato infantil. Dissimulava minhas ideias formadas. Eu procurava parecer criança. Que complacência irônica quando comentavam minhas travessuras de criança! Era uma moleca impossível. Eu sabia que enganava todo mundo. Não havia nem conflitos nem luta pró-independência. Eu me sentia à margem das outras vidas e esperava pacientemente minha oportunidade de evasão.

Talvez eu tudo fosse capaz de fazer em benefício de meus pais e meus irmãos. Mas eram estranhos... Estranhos.

Só mamãe e Syd davam-me impressões e sensações mais definidas, se bem que mais difíceis. Mamãe me impressionava pela força diante do sofrimento. Eu vi mamãe viver e sofrer muito. Não é necessário dizer nada mais sobre isso. Bastou para que sempre me sentisse sentimentalmente acorrentada. A mamãe, para mim, é a vida de mamãe.

Syd se prendeu a mim. Syd é um marco doloroso. É atroz a gente sentir que fabrica qualquer coisa contra a vontade. Syd me apareceu um dia. Era domingo. Eu estava à janela. Ela descia a rua, vindo da matinê com amiguinhos. O vestido branco muito curto. Aquele que deixava ver a calcinha. Os cabelos quase loiros. Tive pavor quando pensei que ela devia crescer. Chorei tanto nesse dia, inexplicavelmente, pois tenho apenas dois anos mais que ela. Ela era uma criança que não devia sofrer. Eu, uma mulher complicada.

Mas Syd cresceu. Ambicionando meus gestos, meus atos. Se plasmando em mim. Se constituindo em mim. Acreditava na minha coragem, na minha força, na minha vontade, em meu raciocínio. A minha iniciativa era a dela, e ela me seguia procurando a personalidade aparente. Dor de punhais que se introduzem para conhecer o avesso. É difícil explicar essa espécie de prisão dolorosa. Saber que a vida, a maneira de ser, pretende ser repetida. Eu adorava Syd. Eu era infeliz e vacilante. Mas queria ser infeliz sozinha. A responsabilidade que eu sentia era um tormento diário. Eu queria estar sozinha. Ser sozinha. Mas a perseguição de dependência era brutal, eu ansiando e preparando uma fuga: só a separação libertou-me em parte da identidade. Eu não sei se você compreende, Geraldo, o terrível dessas sensações. Lembra-se de um conto do Poe a que eu me referi um dia? Impressionou-me, porque eram ali tratados, com toda a intensidade, os tormentos que eu mesma tenho sofrido. O nosso reflexo objetivo. A tortura de se presenciar minuciosamente a repetição do eu. Era tão atroz, Geraldo, perceber o riso repetido, as lágrimas repetidas, os sentimentos, os interesses. Eu passei a me ocultar, a sorrir todo o tempo, a esconder meu ódio e meus sentimentos. Para que não fossem repartidos. Horrível, porque não havia realidade nem consciência. Não havia simples consciência de ideias, de gostos, de sensações. Era uma prisão mortal, que estava me levando à obsessão, à ideia fixa. Durante muito tempo, a minha vida foi só simular para me libertar, por desespero de perceber que a simulação era acompanhada.

Quando, às vezes, eu procurava uma evasão e me fechava, então surgia a hostilidade. Syd invejava a felicidade inexistente. E eu sentia seu ódio contra meu egoísmo. Ela sofria. E eu voltava para sofrer novamente.

Não sei se você sabe como conheci Oswald. Ele leu coisas minhas, mostradas por Fernandinho Mendes. Teve curiosidade e quis me conhecer. Foi quase ao mesmo tempo que conheci você. Na época do Movimento Antropofágico.

Oswald: uma liberdade maior de movimentos e mais nada. Ele não me interessou mais que outros intelectuais conhecidos naquela época. Particularmente, eu me sentia mais atraída por Bopp, que possuía mais simplicidade, menos exibicionismo e, principalmente, mais sensibilidade.

Um dia, Bopp quis beijar-me. Percebi então que havia o sexo e repeli. Lembrei-me de uma frase que Cirilo me dissera num dia longínquo: "Quando você passa na rua, todos os homens te desejam. Você nunca despertará um sentimento puro". Bopp não insistiu. Quando sofreu o desastre de automóvel, fui visitá-lo. Falou em vida comum, muito carinho, muita amizade. Havia Mary perto. Sua companheira no momento. Não gostei de vê-lo utilizar pretextos para afastá-la. Não acreditei. Aliás, não havia nenhum sentimento profundo em mim para que eu eliminasse escrúpulos. Talvez minha falta de escrúpulos aceitasse a solução Bopp, se não houvesse outra já encaminhada, de um modo mais adequado às minhas decisões futuras. Encerrei aí meu caso com Bopp e nunca mais falamos em tal.

O meu casamento com Waldemar foi a forma planejada para que eu, de menor idade, pudesse sair de casa sem complicações. Conversando um dia com Oswald e Tarsila, falei-lhes sobre essa necessidade e eles prometeram auxiliar-me. Foi quando apareceu a sugestão Waldemar. Oswald informou-me que ele se prestaria a qualquer combinação, se conseguisse com o Júlio Prestes um prêmio ou custeio de viagem. Garantiu-me também que o Júlio se interessava por mim e que faria o que lhe pedissem. Fui falar com o Júlio. Não sei como me prestei àquilo. Hoje, tudo me parece inacreditável. Mas, naquela época, não havia o menor escrúpulo. Eu me lembro que só me perturbou a presença de Oswaldo Costa. Júlio Prestes assinou os documentos necessários, que eu levei a Waldemar com a minha proposta. Estabeleceu-se que o nosso casamento se realizaria dali a um mês. Devíamos nos separar imediatamente após o ato. Eu seguiria para o Norte e Waldemar para a Europa, depois de prepararmos a anulação. Tudo foi realizado assim. Logo que a anulação se fez, oito dias depois do meu casamento, segui para a Bahia, onde Anísio Teixeira me esperava para conseguir-me emprego. Um mês depois, quando tudo estava organizado para que eu permanecesse na Bahia, recebo um telegrama de Oswald, chamando-me com urgência, para evitar complicações na sentença de anulação do casamento. Havia também passagem comprada para o meu regresso. Eu não percebi que havia interesse maior na minha volta. E voltei.

Oswald esperava-me no Rio. Tudo tinha sido pretexto para que eu voltasse para ele. Havia deixado Tarsila. Queria viver comigo. É difícil procurar a razão das coisas, quando há vacilação. Tanta vacilação em viver. Opus resistência à união com Oswald, mas pouca. Cheguei a deixá-lo no hotel, saindo sem recursos e sem destino pelas ruas. Para que ele não me retivesse, fiz o jogo ridículo de deixá-lo fechado à chave, sem que ele percebesse. Andei até a madrugada para voltar ao hotel, aonde cheguei como um trapo.

Depois de possuir-me, Oswald me trouxe para São Paulo. Fui viver com a mãe de Lurdes, no caminho de Santo Amaro. Não era a primeira vez que Oswald tinha meu corpo. Essa entrega tinha sido feita muito antes, num dia imbecil, muito sem importância, sem o menor prazer ou emoção. Eu não amava Oswald. Só afinidades destrutivas nos ligavam. Havia, sim, um preconceito oposto aos estabelecidos. E, para não dar importância ao ato sexual, entreguei-me com indiferença, talvez um pouco amarga. Sem o compromisso da menor ligação posterior.

Quando segui para a Bahia, já estava grávida sem o saber. E, quando fui viver com Oswald, já existiam a mãe e a gratidão. Antes disso, ainda houve resistência.

Um dia, deixei a casa onde vivia. Oswaldo Costa convenceu-me a voltar. Logo depois, verifiquei o meu estado e a resistência foi vencida. Uma finalidade. Um velho sonho que tomava corpo. Uma razão para a vida. Senti que a paisagem já sorria. Como eram lindas as ameixeiras do quintal! Eu saía todas as manhãs com Lurdes. Corríamos pelos campos. Eu quis um cachorro enorme. À noite, Oswald chegava. E era muito bom conversar com ele até tarde. Comecei a ler. Nunca tinha podido ler, e esse prazer novo era ainda um outro motivo de vida. E a criancinha que ia nascer.

Um dia, eu matei a criancinha. Eu nada sabia dos cuidados que meu estado exigia. Eu ansiava por movimento e naquela tarde me atirei no rio Pinheiros. A correnteza era muito forte. Eu não conseguia alcançar mais a margem.

Uma hora de luta com as águas. A Lurdes pediu socorro. Os homens da balsa não quiseram prestar auxílio, porque o rio ali era perigoso. Quando consegui sair do rio, já noite, todo o mal estava feito. Ainda a caminhada até em casa, as dores, a roupa molhada. Fui para a maternidade. Todos os brinquedos que já havia comprado. O cadaverzinho. As crianças nascendo normalmente a meu lado. Aquela linda que a enfermeira me trouxe. Penso que odiei todas as crianças do mundo. Queria que aquela linda morresse. Queria ir ao cemitério. Só pude ir dez dias depois, na saída do hospital. Eu não podia andar ainda. Túmulo 17-Rua 17. Os brinquedos. Dei a boneca para a parteira Leonina. Depois, o desespero. Até voltar à casa dos meus pais. Mas não suportava nada. As alfinetadas do Conselho de Família. Fui passar uns dias com minha irmã. Oswald ia ver-me ali. Resolvemos mais uma comédia. Nosso casamento na igreja. Eu estava novamente grávida.

Oswald já era quase um hábito. Nas semanas que precederam nosso casamento, ele foi quase uma necessidade. Mesmo dentro da palhaçada dos proclamas, eu distinguia o carinho na preparação de nossa vida. Acreditei numa aproximação mais intensa, num laço mais profundo de sentimento. Era mais nítida a possibilidade de realização do meu desejo de lar e de ternura.

Na véspera de nosso casamento, fui à Penha, encontrar Oswald no Terminus. Era muito cedo. Ia deslumbrada pela manhã e emocionada por meus sentimentos novos. Era quase amor. Era, em todo caso, confiança na vida e nos dias futuros. Havia em mim uma criança se formando... Beijei o ar claro. Foi uma oração a que proferi pelas ruas.

Cheguei ao quarto de Oswald. Não havia ninguém. Um criado do hotel me indicou outro quarto. Bati. Oswald estava com uma mulher. Mandou-me entrar. Apresentou-me a ela como sua noiva. Falou de nosso casamento no dia imediato. Uma noiva moderna e liberal capaz de compreender e aceitar a liberdade sexual. Eu aceitei, mas não compreendi. Compreendia a poligamia como consequência da família criada em bases de moral reacionária e de preconceitos sociais. Mas não interferindo numa união livre, a par com uma exaltação espontânea que eu pretendia absorvente.

Mas fingi compreender. A intoxicação amoral já impedia minha naturalidade. O medo do ciúme exposto. A falta de coragem da debilidade provocou a primeira atitude falsa, um sorriso complacente para as primeiras decepções. Tomamos café juntos, os três. A mulher, surpreendida no início, acalmou-se. E coloquei no alicerce da vida que íamos constituir a primeira estaca de simulação. Eu me dispus a lutar contra os preconceitos de posse exclusiva.

Iniciamos a nossa vida. Havia a criança que ia nascer. Isso era suficiente. Eu me prendia pouco a pouco ao meu companheiro. Sabia que Oswald não me amava. Ele tinha por mim o entusiasmo que se tem pela vivacidade ou por uma canalhice bem-feita. Ele admirava minha coragem destrutiva, a minha personalidade aparente. Procurava em mim o que outras mulheres não possuíam. Por isso mesmo, sempre procurou alimentar minhas tendências que podiam provocar reações estranhas, aproveitando minhas necessidades combativas com deturpações de movimento. Oswald não tinha nenhum pudor no gozo de detentor de objetos raros.

Eu desejava o amor, mas aceitava tudo. Muitas vezes minhas mãos se enchiam na oferta de ternura. Mas havia as paredes da incompreensão atemorizante. Nunca pude sequer me oferecer totalmente. Resolvi, então, que ao menos uma grande amizade fosse conseguida e uma forte solidariedade constituísse a base sólida de nossa vida comum. Quanto lutei por isso.

Essa resolução foi decidida num dia de grande desequilíbrio sentimental. Eu estava às vésperas de ter o bebê. Eu me sentia imensamente boa naquela tarde. O dia tinha sido lindo, comprando roupinhas. Chegamos em casa. Cheia de emoção, estive ao lado de Oswald, esperando que ele terminasse um artigo para eu passar à máquina. Justamente quando estava terminando de datilografar, Oswald me falou que tinha marcado um encontro com Lelia. "É uma aventura que me interessa. Quero ver se a garota é virgem. Apenas curiosidade sexual."

Ocultei o choque tremendo que essas palavras produziram. Tínhamos decidido pela liberdade absoluta pautando nossa vida. Era preciso que eu soubesse respeitar essa liberdade. Sentia o meu carinho atacado violentamente, mas havia a imensa gratidão pela brutalidade da franqueza. Ainda hoje o meu agradecimento vai para o homem que nunca me ofendeu com a piedade.

Contou-me como a um companheiro o início da aventura. A facilidade encontrada e a certeza de uma conclusão, de acordo com seus desejos, que eram apenas desejos. Deixei-o falar, procurando sorrir. Sem nada perguntar. Consegui, eu me lembro, gracejar, não propriamente por simulação, mas para me impor a aceitação fria do fato.

Oswald saiu. Terminei de passar à máquina o artigo. A minha emoção era violenta. Só, não consegui evitar as lágrimas, a agitação. Senti o colo alagado. O leite. O leite escorrendo sozinho do seio. Havia a criança a proteger. Procurei inutilmente fugir da inquietação.

Depois vieram outros casos. Oswald continuava relatando sempre. Muitas vezes fui obrigada a auxiliá-lo, para evitar complicações até com a polícia de costumes. O meu sofrimento mantinha a parte principal da nossa aliança. Oswald não era essencialmente sexual, mas, perseguido pelo esnobismo casanovista, necessitava encher quantitativamente o cadastro de conquistas. Eu aceitava, sem uma única queixa, a situação.

E meu filho nasceu. E Oswald não me amava.

1º DE NOVEMBRO DE 1940

Você hoje, ao sair, recomendou-me escrever como distração e lembrei-me desse meu relatório parado. Depois da terrível noite de ontem, talvez consiga escrever qualquer coisa. Quase necessito da atmosfera presente para romper com o nosso sonho, que tudo oculta, e para voltar ao passado.

Há muitos dias não escrevo. Quando a luz brilha, só há luz e nada mais existe. E quando a angústia volta, ela é a vacilação constante. Tenho hesitado. Para que escrever? Para que tudo isso? Penso em desistir. Talvez não termine nunca. Essa pergunta-resposta para todas as perguntas e todas as respostas: "Para quê? Para quê?".

Aliás, eu nem sempre poderia escrever. Tudo, sem esse intervalo, sairia certamente mais confuso e incompreensível. É tão difícil retroceder quando isso significa uma passagem violenta de um estado para o outro. Passar de novo pelo mesmo caminho de trevas percorrido...

Pensei em estabelecer uma ordem cronológica para facilitar a expressão. Ainda assim é difícil. Nem sempre posso localizar o fato dentro do tempo.

É preciso escrever hoje, com a sua presença aqui. Vejo o seu rosto, meu amigo, transtornado e deformado pela dor. Os seus olhos cheios da minha dor. Depois, você lutando por nossa felicidade. Defendendo com seu amor a nossa vida e sustentando fortemente a estrutura da estátua que você fez viver para e por você. Até quando a vida? Onde a vida?

Disse apenas na minha última página: "O meu filho nasceu". E basta. Tudo o mais esbarra com violência na contradição. A mãe. Mas não. É a negação da maternidade. As sensações são intangíveis. Apenas as essencialmente físicas podem ser lembradas com precisão. Surge a imensidade de planos superpostos, como no apogeu de um filme de grande intensidade fotográfica. Dentro, a infinitamente mãe. E a destruição lenta das sensações dessa infinitude. Tudo fundido. A necessidade é uma noção falsa. Agi violentamente contra a necessidade, subjugando o instinto, o impulso, aniquilando a dor que protesta. Fiz conscientemente tudo o que não queria, para destruir a vontade pura. É como se eu tivesse estrangulado meu filho, louca de amor por ele. Hoje, deixaria florescer naturalmente, sem estrumes. Diria apenas: "Vive!".

Mas, quando Rudá nasceu, havia o conceito de responsabilidade. Como se fosse possível plasmar uma vida com nossa vontade. Essa sabedoria não está na condição humana... Eu adoro as avencas. Toda avenca morre em minhas mãos... E a avenca medra sozinha e maravilhosamente, sem nenhuma técnica de cultura. A educação que recebi nada significou para mim. Se crescesse só, apenas não existiria o choque nas paredes profundas de incompreensão entre mim e minha família.

O medo de que meu filho viesse a sofrer. Se eu pudesse — pensava — liquidar nele todas as zonas de emoção e sensibilidade. Eliminar a parte mais intensa da vida humana. Ou então, que pelo menos ele não tivesse ilusões que o decepcionassem mais tarde, que nunca passeasse sua imaginação por caminhos de coisas inexistentes.

Ao lado do meu sentimentalismo aguçado pela extensão da minha imaginação, havia o tóxico ingerido em grandes doses diárias. A concepção materialista da vida e o ambiente que considerava anormal toda espécie de sentimento concorreram para que eu, ocultando bem lá no fundo a natureza pura, deixasse para a admiração de Oswald e seus amigos a camada superficial construída por mim, que ia se aprofundando sem que eu mesma sentisse, à força do hábito.

Se você pudesse avaliar, meu amigo, a tortura que eu me impunha para alimentar um esnobismo grosseiro. Você pode dizer, como me disse uma vez Odila, minha única amiga, que eu não amava meu filho. Talvez ela tivesse razão. Eu queria amá-lo. Amá-lo até a renúncia do contato materno. Mas não soube amá-lo suficientemente.

Ele tinha apenas um mês e eu já receava que, sentindo meus beijos, a estrutura a ser realizada se alterasse. E só à noite, quando alguma vez podia fugir de todo mundo, quando ninguém me observava, então eu o beijava tão levemente e, ao mesmo tempo, com tanta força nos cabelos louros e molhava seus pezinhos com minhas lágrimas. Se você soubesse como ele era lindo no seu pijaminha, o polegar deformando a boca e a outra mão atrapalhada nos cabelos... A minha ternura necessitava esmagá-lo no meu seio. Mas ele não devia conhecer essa ternura criminosa. Nem ele nem ninguém.

Uma noite, Rudá estava com dois meses, percebi que ele respirava mal e estava com febre. Chamamos o Chiaffarelli. Era pneumonia. No dia seguinte, estava tão mal que o próprio médico considerou inútil qualquer coisa para salvá-lo. Senti que ele estava morrendo, que ia perdê-lo. Sei que chorei muito, que quase enlouqueci e que estive doente. Rudá sarou. Durante uma semana, senti o delírio feliz de nada me importar, a não ser alimentá-lo, passear com meu filhinho, não deixá-lo nem um minuto.

Naquela noite, eu estava cantando, o meu garoto quase adormecido, quando Oswald pediu-me para ir com ele a uma reunião que uma grande senhora qualquer oferecia. Estava farta de grandes senhoras e não quis ir. Houve uma discussão maior que as habituais, mas, como sempre, amigável. Ali mesmo, decidiu-se que sairíamos um pouco de São Paulo. Partiríamos no dia seguinte.

Quando Oswald saiu, pensei que era ainda muito rica. Bastava o meu filhinho e o amigo que acabava de sair. Oswald não me amava, mas eu o julgava muito meu amigo e isso me bastava. Como dormi feliz aquela noite!

Só senti o amadurecimento sexual depois da entrega de meu filho ao mundo, mas a grande plenitude foi apenas entrevista nessa época, por estar dissolvida no asco e na dor de mais uma decepção, a maior talvez que Oswald me fez sofrer.

Estávamos em Campinas, num hotelzinho, daqueles que têm cheiro de limpeza, cadeiras austríacas e toalhas de crochê. Tínhamos rido muito por terem nos tomado por recém-casados. Realmente, eu já tinha feito vinte anos, mas parecia com certeza muito nova aquele dia. Tinha sido um dia tão esplêndido que cheguei a sonhar recompor toda a vida em minhas relações com Oswald. Fazer dela mais carinho e harmonia. Se Oswald me quisesse. Se ele fosse um pouco mais ternura e um pouco mais meu.

Estávamos na salinha fresca. A tarde estava maravilhosa. Passei o braço no seu. E procurei seu ombro com minha cabeça. Havia mais gente na sala. Recuei, erguendo-me depressa. Lembrara outro dia em que esse mesmo gesto tinha sido repelido com enfado por Oswald. Voltávamos de bonde de um cinema. Estava perturbada de alegria por ter sentido, durante a exibição do filme, os primeiros movimentos de meu filho no ventre. Quis contar a Oswald, mas sentia que era necessário que o fizesse com minha cabeça em seu ombro, sentindo-o bem junto a mim. Esquecera bonde e passageiros. Mas Oswald me repeliu, pedindo para não repetir aquele exibicionismo íntimo.

Mas no hotelzinho em Campinas, Oswald mesmo abraçou-me. E fomos assim para a sala de jantar e assim para o nosso quarto.

Oswald procurou meu corpo. Era a primeira vez, depois do nascimento de Rudá. O meu filhinho já tinha mais de dois meses, mas a minha dieta se prolongara por causa da febre pós-parto e da crise que tivera com sua doença. Então, comecei a compreender que se podia conseguir mais do ato sexual, que para mim nunca passara de uma dádiva carinhosa de meu corpo ausente.

Mas, quando todos os meus nervos, que só conheciam a oferta, começaram a procurar, quando toda a extensão começou a se fazer pequena para a minha sensibilidade, surgiu a chicotada brutal, ferindo mortalmente os meus sentimentos afetivos. Todo o respeito por esses sentimentos desapareceu diante do que me pareceu imundície, jogada por Oswald naquele momento definitivo. Ele nada compreendeu do que significava para mim o descobrimento sexual que meu filho me trouxera, nem das reações. "Você quer gozar com o empregadinho que traz café? Não é verdade que você o deseja?" Essa, no meio de outras frases que me afastaram, afastaram...

Não sei, Geraldo, se você pode compreender o que senti naquela noite. Oswald mostrou-se demais. E tive-lhe nojo. Nojo e ódio pela decepção que me feria. Senti o ato sexual repousado numa repugnância eterna. Nunca mais poderia suportar Oswald e julguei nunca mais poder suportar o contato masculino. Mudaria de opinião mais tarde, mas, naquele momento, meu amigo, não exagero ao falar de minha aversão pelo homem, tendo até reações estomacais, por me sentir inundada de obscenidades. E pensei no dia cheio de esperança, na tarde linda, no empregadinho de cara redonda de bobo, cheia de saliências de pus. E naquele homem ao meu lado, auxiliando o coito sórdido com oferta de machos. Talvez, numa outra ocasião, a minha reação não fosse tão intensa nem me surpreendesse tanto, mas naquele momento foi odiosa. Nem as lágrimas de dor e de repugnância foram compreendidas.

Foram a única expressão da minha dor e revolta. Mas foram atribuídas ao prazer, ao prazer que de fato sentira inicialmente, para minha vergonha e humilhação.

No dia seguinte, voltamos a São Paulo. Uma semana depois, embarcava para Buenos Aires.

9 DE NOVEMBRO DE 1940

Arrancar o seio do bebê, quando ele é ainda tão novinho... Quando uma doença grave principia a renascer... Partindo, deixei o alvorecer dos primeiros sorrisos e não pude acompanhar os sintomas que se gravam no olhar da primeira compreensão humana. Deixei tudo isso, sem querer confessar que o meu interesse materno era menor que meu desejo de fuga e expansão.

Quando o navio abandonou o cais, ainda procurava justificar-me. "Não devo criá-lo muito agarrado a mim." E o que não disse nem ousava confessar sentir era que toda a minha pessoa me absorvia muito mais.

Não. Não é uma autocrítica que faço. Nem estou me condenando. Já aprendi a aceitar as condições alheias e admito também as minhas. É análise. Pretendo relatar somente, sem julgamento preconcebido, mas é que, às vezes, as próprias condições que me acompanham no momento em que escrevo fazem boiar esses raciocínios-conclusões.

Não me animo a extrair conclusões, sem a certeza da sua exatidão. Mas, Geraldo, é que hoje estou cheia de dúvidas. Ou melhor, cheia de ansiedade. A minha menstruação está atrasada. Um dia apenas. Mas já estou transtornada pela angustiosa expectativa. Se estiver grávida...? Então, parece que tudo mudará no mundo. O nosso filho será a renúncia ao fantasma que perturba a radicalização definitiva na vida que você me oferece. Sinto que ele me fará viver, abandonando a ideia que me impele para a mais excitante das realizações futuras. Certamente, a morte morrerá com a sua vinda. Mas o hoje será para depois, porque agora é o antes. Estou passeando pela vida que passou: volto para ela.

O cais. Havia dor na separação. Muita dor. Havia o desconhecido à minha frente. Atrás, Oswald, que já significava muito pouco, e meu filho.

A necessidade de luta surgiu ativando toda a revolta latente de minha vida insatisfeita.

A concepção materialista adquirida, cheia de lugares-comuns, chapas, conceitos, falsas interpretações — nunca tivera ou pensara em outra concepção do mundo —, criou em mim resoluções novas. Grande confusão de materialismo com mecânica. Eu não devia estar de acordo com as minhas concepções. Mulher materialista. Mulher de ferro com zonas erógenas e aparelho digestivo. O circulatório não tinha importância, porque trabalhava automaticamente. Não precisava pensar nele, a não ser para descobrir isoladores e lubrificantes amortecedores. Problemas cerebrais intentavam diminuir a intensidade emotiva.

Mas, dentro das tentativas liquidadoras, observei a necessidade da procura. Não devia acumular-se sobre meu filho. A essa restrição entregava-se grande parte de mim mesma e que precisava empregar... em quê?

■

Minha viagem não foi um deslumbramento. Navio inglês, com muitos turistas, com a vida comum de bordo. Lembro-me que passei todo o tempo conversando com um velhinho, surpreendido com meu retraimento, cheio de curiosidade por minhas informações sobre a intelectualidade brasileira. O curioso é que eu nada conhecia da literatura nacional ou estrangeira. O meu conhecimento intelectual era muito abaixo do medíocre. O que eu mais alcançava eram minhas páginas, escritas desde a infância para mim e para a incineração. Mas, imbuída de artificialismo, emitia opiniões sobre coisas pressentidas, arriscando críticas *pour épater*.

O meu companheiro de viagem devia ser muito tolo. Vejo-o ainda, os compridos cabelos brancos, desembarcando em Montevidéu. Só ali soube tratar-se de Zorrilla de San Martín, o velho poeta popular das multidões escolares.

O navio parou um dia em Montevidéu. Apenas andei um pouco pelas ruas. Era a primeira vez que percorria uma cidade estrangeira. Um pouco de satisfação por isso. Sentia mais profundamente a bordo o prazer de viajante. Alegria de ir adiante, para pontos novos. Havia o mar. À noite, a realização de um desejo, as manifestações concretas de sonhos.

Mas as noites eram mórbidas, o mar, a insatisfação, e dentro da realização se estendia o impalpável, o anseio pelo muito grande que eu não sabia o que era.

Pensei com certeza no que faria em Buenos Aires, no tempo que ali permaneceria, no protesto literário de minha viagem. Havia uma coisa de maior vulto. Levava uma carta para Prestes. Não era apenas curiosidade pela personalidade revolucionária. Prestes era a interrogação. E talvez fosse uma resposta. Ele já havia publicado o seu apoio ao Partido Comunista. Eu sabia dos ataques que Prestes recebia e aceitava estoicamente dos comunistas. Teoricamente, eu ignorava inteiramente a doutrina marxista. Considerava ridículos todos os comunistas que conhecia.

■

Desembarcando, procurei um chofer que me levasse ao hotel. O primeiro que abordei deu-me as costas; o segundo riu e nada falou. Isso me deixou atônita, por causa das malas. É horrível viajar com malas. *Com certeza não me entendem*, pensei. Mas julguei ter falado muito bem. Era uma tonta, no cais.

Afinal, tive a explicação. "*Huelga!*" Não podia, portanto, contar com o auxílio de um automóvel para me orientar. Um carro puxado por cavalos passou e o cocheiro ofereceu-me condução. Pedi-lhe que me levasse a um hotel que me haviam recomendado... Não previ que houvesse dificuldade em conseguir quarto, porque era o maior hotel de Buenos Aires. Despedi o carro. Mas não me aceitaram ali, por ser uma mulher desacompanhada. Ficamos, novamente, eu e minhas malas na rua, dessa vez no centro.

Recorri aos hotéis menores que percebi ao lado, com o mesmo resultado. A minha cara devia ser de assustar, para que, numa grande capital, os hotéis se fechassem para mim.

Atrapalhada com a bagagem, me senti tão só. Toda aquela multidão passando, olhando. Um grande aperto no peito, na garganta, um desejo de me espichar ali mesmo na sarjeta, como morta.

Reagi, afinal. Entrei novamente num hotel e supliquei que ao menos guardassem ali minhas coisas até que eu conseguisse alojamento. A minha angústia eram as malas. Pedi também um guia de ruas e procurei a morada de Prestes.

Prestes vivia com as irmãs, num apartamento modesto. Estava ausente, e fui recebida por suas irmãs e por Silo Meirelles. Arranjaram logo a minha instalação num hotel onde me apresentaram. Ficaram de me avisar da chegada de Prestes.

Dois dias depois, já estava em contato com o grupo intelectual de vanguarda. Pouca gente, pois a estação já começara em Mar del Plata. Mallea, um dos elementos de maior destaque, que me tinha sido apresentado por Alfonso Reyes, logo que recebeu meu telefonema, procurou-me para me introduzir no círculo da revista *Sur*, que acabava de se formar.

Aquelas assembleias literárias, como eram enfadonhas. O ambiente idêntico ao que conhecia cercando os intelectuais modernistas do Brasil. As mesmas polemicazinhas chochas, a mesma imposição da Inteligência, as mesmas comédias sexuais, o mesmo prefácio exibicionista para tudo. Victoria Ocampo, pessoalmente, ficou uma velha harpia, espiando, atropelando e encabrestando Mallea, o seu menino de ouro. Megera obscena. Depois das suas preleções íntimas, não mais consegui ligá-la à colaboradora da *Revista de Occidente*. Norah, que julguei mais interessante apesar da sua pintura convencional, era apenas uma crítica de modas. Borges quis se despir no meu quarto cinco minutos depois de me conhecer. Fazer lutinha comigo. Gente sórdida. Mas eu bem que vivia no meio deles. Talvez eu não tivesse tido tempo de apreciar o seu valor intelectual. Mas deram-me impressão de revolucionarismo convencionado à depravação, que não passavam de gente embolorada, cercada por estatutos de um conventículo convencionadamente exótico.

Poderia ser julgamento superficial, curta visão do meu modesto alcance. Mas a minha ignorância era muito exigente. Eu queria muito mais, pretendia encontrar gente de mais valor. E era esse o setor mais vivo da América do Sul — grupo de chatos onde eu me chateava e onde insistia em buscar interesse.

Eu os frequentava sem entusiasmo. Não me eram necessários. Bastaria fugir dali para me livrar deles. Mas eu ficava. Ria com eles. Discutia, tomando parte nas conversações, aceitando toda e qualquer presença detestável.

Depois de muito tempo, recebi visita de Silo Meirelles. Prestes não tinha ainda regressado e tardaria em fazê-lo, pois aceitara um contrato de trabalho numa estrada de ferro no interior. Silo apareceu com Garrigorri, um comunista argentino, e uma infinidade de folhetos de propaganda do partido. Conversamos por algumas horas e o assunto me interessou. Senti que minha curiosidade se animava. Quis saber mais. Conhecer mais. Marcamos encontro para o dia seguinte. Nessa mesma noite, recebi telegrama de Oswald, me chamando. Rudá doente outra vez. A passagem já estava comprada. Embarquei com uma vasta bagagem de livros marxistas e tudo que havia de material editado nos últimos tempos pelo Partido Comunista Argentino.

A doença de Rudá não era grave. Quando cheguei a São Paulo, ele já estava bom. Vi-me novamente naquela casa que não era minha. Não me dedicava suficientemente a meu filho, para que ele me bastasse. Não estava no meu lugar. A minha inquietação ansiava por quebrar aquele ambiente. Oswald continuava a mesma vida, mas sentia que se voltava mais para mim. E eu tinha, sobretudo, medo, pavor de me prender novamente. Recordo um dia em que estava brincando com meu filho no terraço. Oswald chegou e ficou sorrindo, me fitando. Os seus olhos se aproximavam demais. Percebi que me enternecia e fugi dali. Desci as escadas correndo. Oswald, notando qualquer coisa de anormal, perseguiu-me. Não lhe consenti que me detivesse. Pedi-lhe dinheiro e saí. Mandei o automóvel parar num bar da rua Líbero. Ali, pedi conhaque. Muitos. O Emídio Miranda me levou para casa, quase inconsciente.

Eu procurava. Sem saber o quê. Sem nada esperar. Alguma coisa que me absorvesse com certeza. Um nervosismo intenso me levava a expansões físicas. Fazia esporte. Nadava quase todo dia para me exaurir. Tinha momentos de grande enternecimento junto de meu filho. Mas eu repelia esses momentos. Sofria muito, desconhecendo a causa desse sofrimento. Uma noite, andei pelas ruas vazias, chorando; depois, muitas outras noites.

Uma manhã, Astrojildo Pereira foi nos procurar. Foi ver os livros que eu havia trazido de Buenos Aires, que, aliás, estavam ainda fechados. Astrojildo foi o primeiro comunista de destaque que surgiu nas minhas relações com a luta política. Mas era antes de tudo o intelectual que me contava coisas novas, para meu prazer intelectual. Voltou várias vezes em casa, encontramo-nos outras, e a sua convivência era esperada com ansiedade por mim. Pediu-me para fazer traduções de folhetos. Recomecei a ler. Oswald também parecia interessar-se pelas doutrinas sociais. Começamos a ter em casa novos visitantes.

Nessa ocasião, numa conversa entre diversas pessoas, inclusive Oswaldo Costa, que estava presente, resolveu-se fazer *O Homem do Povo*. A ocupação era absorvente. Não havia muita convicção. Mas muito entusiasmo. Entusiasmo sem discrição, mais de revolta acintosa. Vontade de adesão exibicionista de minha parte por uma causa revolucionária. Necessidade.

Sem grande conhecimento de causa, atirei-me, um pouco cegamente, no trabalho d'*O Homem do Povo*. A previsão da Coisa Grande que deveria surgir. Intenção de procurar na causa dos oprimidos a finalidade para minha vida. Vontade de ser honesta e corajosa.

O que sucedeu com *O Homem do Povo*, não necessito contar. Você sabe, Geraldo. Voltei para minha vida antiga com as críticas dos que me tinham levado à aventura d'*O Homem do Povo*. Mas o trabalho comum estreitara novamente minhas relações com Oswald. Fechado *O Homem do Povo*, embarcamos juntos para Montevidéu.

Fomos um pouco a passeio, um pouco para fugir das complicações do processo que moviam pelos ferimentos que me atribuíam contra os estudantes que quiseram empastelar o jornal. No dia seguinte à nossa chegada, fomos procurados por um homem de aparência medíocre. Eu estava só e quase despedi o nosso visitante, que era Luís Carlos Prestes.

Conversamos por três dias e três noites, num cafezinho fechado e deserto. Consumimos, penso que, quilos de café. Não dormíamos, e consegui saber que o comunismo era coisa séria. E fiquei conhecendo a grandiosidade de uma coisa até então desconhecida para mim — o espírito de sacrifício. Prestes mostrou-me concretamente a abnegação, a pureza de convicção. Fez-me ciente da verdade revolucionária e acenou-me com a fé nova. A alegria da fé nova. A infinita alegria de combater até o aniquilamento pela causa dos trabalhadores, pelo bem geral da humanidade. Disse "acenou-me", apenas, porque a fé, em toda a sua extensão, só mais tarde tomou conta absoluta de minha pessoa.

Vejo Prestes, ainda, com uma mecha de cabelo sombreando ainda mais o rosto quase desaparecido na sombra do café. Como tinham vida, no entanto, aqueles olhos que pareciam enormes. Falava lentamente, com a calma e a serenidade dos que sabem que não adiantam catadupas de palavras. Ouvia com atenção imensa tudo o que eu falava. Respondia a todas as perguntas. Prestes devia falar assim com todo mundo. As maiores tolices que eu dissesse seriam ouvidas com paciência e contestadas com tanta minúcia, como se eu fosse a única pessoa no mundo que necessitasse ser recrutada para o partido e que Prestes só tivesse isso como tarefa. Tive de Prestes uma impressão magnífica e foi essa impressão que, em grande parte, me jogou na luta política. A personalidade pitoresca, a celebridade romântica, o revolucionário épico, nada disso apareceu ou sequer lembrei. Vi, nessa ocasião, o comunista convicto das suas argumentações, com a força da certeza e, principalmente, coerente com a luta a que se entregara. Um comunista honestamente comunista, um comunista como eu desejaria ser.

Mas o tempo foi pouco para que eu me inteirasse suficientemente do processo revolucionário a seguir para a emancipação do proletariado. Isso eu quis saber daí para diante. E comecei a estudar seriamente.

12 DE NOVEMBRO DE 1940

Hoje não existe passado. Estou esperando você, meu Geraldo. Correremos as praias. Essas praias de sombra, sob o luar que não parece luar. O meu luar de morte e nervos, da noite em que eu procurava. Eis aí a minha noite. E a tragédia preconcebida, decepcionada, com essa alegria súbita que tem ainda muito da falecida angústia, mas que, contrariando o desejo formado há muito tempo, tem muito, muito de vida. Estarei grávida? Estarei grávida? Quererei estar grávida? Isso é a morte da morte e eu talvez queira a morte. Mas não posso negar a oposição desse transbordamento de esperança. "A paisagem contraditória de meu ser..." Aquelas florezinhas que você chamou espectrais. Mas você reparou que a luz do sol é uma *féerie*? Parece um jardim iluminado dos sonhos da minha infância, com lanterninhas brancas opacas.

Estou novamente no Brasil. 1931.

Os dias passados com Prestes não foram suficientes para determinar uma nova orientação. Cessado o entusiasmo da presença, começou o esmorecimento do efeito. Às vezes, as palavras, a música da voz recordada produziam abalos na lassidão inativa. Corria à biblioteca. Passava muitas noites entre os livros, animava-me por momentos. Às vezes, nem deixava a sala de estudos, dormindo ali mesmo, num monte de livros que estavam para ser selecionados eternamente. Mas a satisfação intelectual não me bastava... A ação me fazia falta. As teses isoladas irritavam-me. Era necessário concretizar. A inquietação aparecia. Precisava participar da realização. Fazer qualquer coisa. Produzir. Além disso, a doutrina tão dogmatizada não me satisfazia muitas vezes ou havia falta de compreensão. Eu precisava de gente que me ouvisse e me respondesse. E as grandes descobertas, não as queria guardar só para mim. O proletariado não sabe. E deve saber. Preciso gritar tudo isso nas ruas. Gritar até cair morta. Tenho muita força. Onde irei empregar esta força? É preciso dar esta força.

Mas as organizações revolucionárias pareciam-me tão distantes. Receava que nem mesmo estivessem formadas de acordo com o meu desejo sincero. Meia dúzia de comunistas vivendo em cafés. O que faziam esses comunistas conhecidos, se não saíam dos cafés?

Voltava para o lar. Rudá ainda era um bebê. Não me dava nenhum trabalho e as minhas noites vazias só percebiam Oswald — militando escândalo e libidinagem. Agora, ele e Nonê apostavam a primazia da conquista de Maria, uma empregadinha bonita que ajudava a governanta.

Não sofria mais com as aventuras de Oswald. Já nada restava da ternura e da vontade de amar... Minha tolerância evitava qualquer desacordo. A indiferença já tinha tomado conta.

Mas dentro de meu desprezo pelo homem averiguado em todos os sentidos, dentro do desinteresse das nossas relações íntimas, manifestava-se ainda qualquer coisa de muito sutil que impregnava os nossos "bons-dias" de um sorriso camarada e de clara solidariedade o nosso aperto de mão. Logo compreendi o que determinava essa voluntária comunicação que não queria deixar de existir. Oswald nunca mentira para mim. Essa honestidade, essa lealdade dentro da vida comum quase não foi sentida no início, mas depois explicou a aliança que me prendeu por tanto tempo... Quantas vezes desejei beijar-lhe as mãos por essa franqueza maravilhosamente violenta, por essa impiedade que satisfazia meu orgulho de tudo poder suportar com vigor. Eu lhe agradeço ainda hoje, Oswald. E também às críticas que você sabia fazer e às palavras cruas que você falava sobre meus defeitos.

Fase de muita confusão. Depressão enorme. Crises nervosas. As mesmas convulsões que me acometeram na infância. Durante um ano, obrigando-me a guardar o leito. Quase todo o tempo. Lembro um desses dias distantes. As minhas mãos manietadas para que eu não me ferisse. Já tinha uma ferida arruinada no pulso esquerdo. Mamãe estava sentada nos pés da cama e perguntou: "Você não pode parar de mover a cabeça?". Só então percebi o movimento involuntário. Sim, eu podia parar a cabeça. E, quando prestava uma forte atenção, conseguia controlar os movimentos. Mas bastava distrair-me com uma coisa qualquer, recomeçavam os esgares e o ritmo aumentava sempre de velocidade. Por outro lado, o controle continuado me levava a uma espécie de paralisia. Durante minutos e às vezes, mais raramente, horas, não conseguia nenhum movimento. Era como se meu corpo não me pertencesse. Só os olhos eu dominava, mas assim mesmo, eram tão volumosos, tão pesados. Isso nas crises conscientes, claro.

Aquela noite, mamãe estava aos pés de minha cama. Além de minha doença, eu sabia que ela passava por contrariedades muito graves. E eu lhe pedi para cantar. Eu nunca tinha ouvido mamãe cantar. E ela tinha discutido com papai momentos antes. Mas ela cantou. E riu... Riu para mim, que pedia aquilo não sei por quê.

Agora, depois de tantos anos, por momentos eu sentia os mesmos sintomas. Mas a minha energia física dominava todos os traumatismos. O meu corpo reagia. Quantas vezes tive pudor de minha resistência contra os choques morais. Quando julgava estar irremediavelmente esmagada, voltavam-me o movimento, o apetite, o sono tranquilo. Vida. Muita vida.

Fui ver o mar em Santos. Seria um repouso para mim e principalmente para meu filhinho, que não tinha voltado ainda à robustez depois da pneumonia.

Pedi a Oswald que não tomasse aposentos em hotel — mas num lugarzinho tranquilo, onde não houvesse muita gente. Alugamos um quarto no Boqueirão, numa casa de família.

No dia de minha chegada a Santos, o Sindicato de Construção Civil anunciava uma reunião. Fui até lá à noite.

Surpreendeu-me a orientação das discussões e o entusiasmo dos trabalhadores pela luta de classes. Encontrei um ambiente pré-grevista e mais consciência e revolta do que esperava. Conversei com alguns operários que estavam a meu lado. Um deles me impressionou fortemente pela contradição de seus conhecimentos. Pior que analfabeto, estropiando na conversação os termos mais simples, a sua vivacidade e visão política me fascinaram. Tinha marcado encontro com Oswald. Não me demorei, mas pedi a esse operário que me fosse ver.

■

Rudá está com febre. A chuvinha irritando. Noto um esplêndido sorriso de meu filho. Apesar de doentinho, ele está animado e brinca até dormir. Não há mais ninguém em casa. Oswald ainda não chegou. A chuvinha. Meu filho. Muita ternura. Nesses momentos, me entrego totalmente a Rudá. Por que não sou só de meu filho? Apesar das longas ausências, ele me busca, me prefere a todo o mundo. Como explicar essa distância que minha ternura não transpõe?

Villar chegou. Veio sem paletó e sem chapéu, apesar da chuva. Os tamancos deixando rios no chão. Conversamos longamente. Desejaria recordar as frases de incitamento que ouvi nesse dia. Não consigo. Apenas ficou-me o "Você precisa trabalhar com a gente, no partido".

Mas nada era ainda convincente. Tive novos contatos. Admirei tipos diversos de dores. Mas faltava-me o elemento vital. E chegou-me inesperadamente.

Ajudei Villar na redação de um manifesto e saímos juntos. A tarde estava magnífica. Nunca mais esquecerei essa tarde. Adoro o cheiro de maresia. Todas as ruas estavam iluminadas e recebiam o bafo do mar. Eu pusera um vestido branco muito simples para não me destacar demasiado de Villar, que vivia andrajoso. Mas me sentia muito à vontade nas minhas sandálias sem meias. Como estava fresco, o meu rosto sem maquilagem... Era enérgica e viva, misturada às mulheres do cais.

Rua Xavier da Silveira. Maresia. Peixes fritos. Azeite. Café. Benevolência até pelas essências de armarinho. A importância do olfato. Tudo era um cheiro só, concentrado. Nunca pude esquecer esse cheiro.

O estuário, os cilindros de ferro. Depois tudo focalizado num só quadro, que foi o altar da minha conversão, de meu batismo. A silhueta negra, a camisa vermelha. O céu de fogo, o mar de fogo. O preto Herculano encostado na amurada do cais. Quando me estendeu a mão, foi para me entregar a fé.

■

A importância de um momento. As sensações multiplicadas desse momento, nesse momento. O quadro e o cheiro que nunca esqueci.

Não me atrevo a repetir as palavras do preto Herculano. Elas e só elas destruíram a descrença e o desprezo. Pode ser que fossem apenas um marco da transformação já preparada por diversos fatores. Mas eu senti perfeitamente a separação, o corte na vida e a iluminação súbita do novo horizonte. Senti valorizada minha estada no mundo. De tudo o que eu sentia antes, ficou o doloroso da revolta, o necessário auxiliar estimulante da luta futura. A emoção e o meu grande amor pelos desgraçados. Não fiz nenhuma pergunta à voz lenta, possante, irritantemente lenta, mesmo quando empolgada pelo entusiasmo, tomando então uma entonação mais grave, quase desumana. As perguntas não eram necessárias. As respostas surgiam sem elas, todas, na pregação do enorme trabalhador negro. Que diferença da explicação intelectual de Prestes, que me exaltara sem convencer, provocando uma curiosidade ilimitada e sem satisfação. Herculano conseguiu chegar ao fundo de mim mesma. Bastava ouvir.

A minha promessa partiu com a voz estranha de outra pessoa.

"Sim, companheiro. Eu lutarei com vocês."

Assisti, nesse dia, à primeira reunião comunista.

Cheguei à reunião confusa e emocionada. A alegria da vida nova circulava em meu corpo. Eu era imensa. A pulsação me percorria. Verificava todos os estremecimentos da exaltação anormal que só a religiosidade confere.

Entrei na casa pequenina para o dom absoluto de minha pessoa. Entreguei-me completamente. Só ficou o êxtase da doação feita à causa proletária. Perturbada, desde esse dia, resolvi escravizar-me espontaneamente, violentamente. O marxismo. A luta de classes. A libertação dos trabalhadores. Por um mundo de verdade e de justiça. Lutar por isso valia uma vida. Valia a vida.

■

A entrada no partido para mim era um privilégio que assombrava minha insignificância. O convívio dos militantes, um dom que eu faria tudo por merecer. Preparei-me para ser recebida num ambiente de fortes e bons; de absolutamente honestos e valorosamente revoltados. Só poderia ser assim a vanguarda dos trabalhadores, a direção dos povos na revolução proletária. Devia ser linda a fraternidade reinante entre os participantes da luta ideal pela causa que todos compartiam. Fraternidade e espírito de sacrifício. Liberdade absoluta de convicção e, principalmente, pureza.

À reunião compareceram cinco operários e uma mulher que me impressionou imediatamente. Assombrou-me a cozinheira Maria discorrer com toda segurança sobre os pontos mais áridos de economia política. Muita coisa não compreendi da reunião. Falavam muitas vezes em termos desconhecidos para mim. A nomenclatura usual dos comunistas era frequentemente empregada e o assunto discutido estava sempre ligado a outros que eu desconhecia. Herculano estava presente, mas não abriu a boca. Ninguém se preocupou comigo até o fim, quando me disseram que, sendo necessária a organização do Socorro Vermelho em Santos, me designavam como secretária.

Nunca tinha ouvido falar em Socorro Vermelho. Uma ligeira explicação me foi fornecida depois por A. R., um pequeno intelectual que me auxiliaria na organização.

No dia seguinte, Villar levou-me as primeiras determinações do partido. Quando chegou, eu me despedia de Oswald e de meu filho. Eu devia ficar em Santos algumas semanas, até a primeira Conferência do Socorro. Chorei ao beijar meu filho. Por isso, sofri à tarde toda as sátiras de Villar contra meu sentimentalismo excessivo.

Estávamos no início da organização do Socorro, quando a construção civil declarou greve. Imediatamente, ao lado das tarefas do Socorro, acrescentaram minha participação no comitê ilegal de greve. Aí, a minha atribuição inicial era apenas assistir às reuniões que se realizavam a todo momento num restaurante de simpatizantes. Foi quando comecei, timidamente, a emitir minha opinião num assunto que me apavorava com a sua grandiosidade. A greve seguiu com firmeza alguns dias. Os trabalhadores em construção conseguiram logo a adesão de outras corporações e começaram a fazer propaganda no meio da estiva, cuja adesão permitiria, na opinião dos Comitês, a possibilidade de uma greve geral.

Fui então designada para o primeiro trabalho prático: distribuição de boletins grevistas no cais. Juntamente com R., enviado do C. R. de São Paulo para controlar a greve. Que tempo longínquo esse em que os responsáveis distribuíam manifestos pelas ruas...

Deviam estar demolindo aquele velho prédio ou eram apenas as ruínas de uma igreja antiga. Perto do cais, num lugar sem iluminação, com morcegos e corujas. Tínhamos que esperar uma hora para buscar os manifestos. Então, andávamos lentamente pela rua cheia de sombras. R. falava sobre a luta, louvava a atividade de sua companheira, falou sobre seus filhos. Contei-lhe minhas apreensões sobre Rudá, que soubera estar novamente com pneumonia. Estava angustiada, mas sabia que não deixaria Santos naquele momento. R. sorria. O sorriso clássico dos que chamamos proletários intelectualizados, que só mais tarde percebi não conter apenas desprezo pela pequena burguesia. R. tinha as feições que o partido dava a seus militantes depois de algum tempo. Adquire-se o hábito da atitude comunista, como se familiariza com a nomenclatura convencional. Em grande parte, devido à hierarquia moral que os próprios militantes constroem, eu também respeitei como novata esse estigma de superioridade. Cada pensamento meu que não fosse forte e calmo me enchia de vergonha.

Foi com um tom de infinito desprezo que R. atacou o que designava como aviltante sentimentalismo. E com toda a vontade de atingir arranjou estas palavras:

"E se seu filho morresse hoje?"

Senti apenas que estava muito quente e pude responder:

"Os filhos dos trabalhadores estão morrendo de fome todos os dias. O importante é a nossa tarefa de agora."

Por que falei assim? Senti como falseados os meus sentimentos. Estava também principiando a formar atitudes. Odiei-me pela cretinice e desonestidade comigo mesma. Continuamos a nossa marcha. Ouvimos gritos numa casa. Procuramos novamente a praça das corujas.

Pensei que poderia realmente perder meu filho, o que era quase certo. Que ia ser assim. Ele poderia estar roxinho como da outra vez, com a expressão horrível de sufocamento. O Chiaffarelli correndo até a geladeira, cortando gelo para o peitinho dele. E depois poderia falar com a voz irritantemente mole nesses momentos de angústia:

"Desta vez..."

R. olhava-me com admiração. Continuava pisando as estrias da sarjeta. Nessa mesma noite, fomos presos.

Não posso dizer quais foram precisamente as sensações experimentadas nessa primeira prisão em Santos. Ocupei-me mais com o companheiro, vítima de espancamento brutal em minha presença. A revolta e a reação contra essa atitude da polícia impediram-me de pensar em minha situação. Aos meus protestos, respondeu com brutalidade o delegado de plantão Sales Pacheco, que foi esbofeteado por mim nesse momento de indignação. Contra mim não houve reação física.

No dia seguinte, fui transferida para São Paulo, acompanhada por um investigador de quem consegui livrar-me na chegada. Corri para meu filho.

Rudá estava fora de perigo... Voltei na semana seguinte para Santos com a mulher de R. e com um advogado para o habeas corpus. A greve da construção civil continuava, mas havia enfraquecido em vários setores.

Posto em liberdade, R. dirigia-se ao sindicato comigo e Carmen, sua companheira, quando fomos presos novamente. Eram oito horas da noite. Às onze, fomos postos em liberdade, sob condição de passarmos a noite num hotel indicado pela polícia, seguindo pelo primeiro trem do dia seguinte para São Paulo.

Descemos do automóvel na casa indicada, na rua Xavier da Silveira. Visivelmente, tratava-se de um bordel. Quando protestamos, nos trancaram. Comecei a conhecer as armadilhas da polícia. Queriam nos desmoralizar com uma batida rumorosa durante a noite. Protestamos de tal forma que a dona da pensão, receosa, entregou-nos a chave interna. O cadeado do portão precisou ser partido. Havendo um só "tira" de guarda, foi-nos fácil abandonar o local.

Antes que o alarme fosse dado, dirigimo-nos para a redação de um jornal, onde permanecemos até a hora do trem que, no dia seguinte, nos conduziu a São Paulo. Aí devíamos ter discutido a situação. Passo rapidamente por esses fatos. São acontecimentos conhecidos e que pouco têm a ver com a finalidade destas páginas. Foram dias agitados, de reuniões e deliberações, em que a minha vida pessoal desapareceu.

Não havia passado um mês e o partido enviou-me novamente a Santos, para retomar o meu lugar na organização do Socorro, que estivera interrompida todo aquele tempo.

Fui morar na Ponta da Praia. Um companheiro ajudou-me a encontrar o chalezinho azul de d. Maria das Palmas. Havia ali um quarto para alugar e eu o tomei. Um caixão de gretas cobertas com jornais velhos, onde espichei minha cama de vento. A mesinha com a máquina de escrever no canto menos desprotegido. Foi fácil ventilar minhas valises. Os uniformes operários que a organização exigia para a militância ficaram voando nos pregos das tábuas. Havia cortado por tempo indeterminado minhas comunicações com São Paulo. Exigiam minha entrada numa fábrica. Eram necessários uma nova vida e um novo nome.

Por curiosa coincidência, eu já conhecia d. Maria das Palmas. Conhecia através de um dos livros de Oswald, *A escada*, que ele não havia ainda publicado nessa época, mas que escrevera durante a nossa vida em comum. Oswald conhecera realmente d. Maria, quando ela morava com seus filhos na ilha das Palmas. Vitória Agonia estava ali para ser minha amiga e para passear comigo nos dias de temporal.

Não consegui trabalho na tecelagem e entrei para o rol das "catadeiras" com Isabelinha, outra filha de d. Maria. Mas as máquinas já monopolizavam o serviço da escolha. Não trabalhávamos todos os dias, nem o serviço suplementar de remendos em rendas de pescar ou costuras de sacos chegavam para preencher todos os dias úteis da semana. As horas de folga, quando não havia trabalho do Socorro ou reuniões, passava com a criançada e a juventude da Ponta da Praia. Os momentos inesquecíveis em que saíamos pelo mar, a barca vergando de crianças cantando, as ondas macias... Às vezes nadávamos até a Fortaleza, buscar beijus num sítio escondido no mato. As noites profundas em que eu mergulhava na minha grandiosidade. Tomando café na cozinha, julgava poder salvar da inconsciência as jovens catadeiras, os pescadores, os marinheiros que faziam ponto no quintal de d. Maria. As crianças brincando, ansiosas, me chamando, que eu fosse brincar também, que eu brincava como se não fosse moça e inventava uma porção de brinquedo novo.

As crianças de trabalhadores, de marinheiros. Eu, ridiculamente grandiosa, porque lutava por aquelas crianças, olhando-as como se fossem minhas, como se eu as salvasse todos os dias. Meu filho, meu Rudazinho, era aquela cabeça loira de um José, aqueles olhos diferentes do garoto nipo-brasileiro, a carícia do menininho de luto, a voz do Quincinho, que quase não se ouvia do meio do brejo, e era a mesma até quando mais crescido, forte e queimado. Rudá estava ali comigo, neles todos, com as companheiras de folguedo, perto de meu cuidado. Eu lutava, lutava por eles e por todas as pobres crianças do mundo. Essa era a felicidade sonhada. A meta alcançada, o conforto e a fartura de vida dentro do meu quartinho sempre cheio de chuva, dentro de minha revolta pelas mãos de minhas companheiras, esfoladas nas mesas rústicas de "catação". O meu entusiasmo ia até as madrugadas em que lia, estudava, organizava novos planos de luta, para melhorar, para produzir, para me entregar mais e mais.

Era rindo, rindo à toa e sozinha, que atravessava as ruas negras do Macuco depois das reuniões, deixando ainda pelo caminho manifestos, borrando muros com inscrições improvisadas.

Uma noite, fui à Pontinha sentir a ventania e o cheiro do mar. Debruçada, o barulho das ondas me fez tanto bem. Pensando na minha luta, na minha vida, senti e disse que era feliz. Disse ao vento, ao mar, à noite...

Ramon apareceu como uma carniça na Ponta da Praia. Foi procurar-me, a pretexto de trabalho. Trocara o casquete por um palheta, que autorizava a "cantada". Entrou no meu quartinho à procura de carne. Como era revoltante e ridículo ao despir a capa comunista. Que nojo ao vê-lo atirar-se à minha procura com a vulgaridade brutal e desastrada que eu já conhecia nos homens de outras classes sociais!

E R. me havia antes falado de Carmen com tanta simpatia. Tinha me comovido tanto seu entusiasmo por sua companheira lutadora... Mas o meu respeito pelos comunistas era imenso. Só pude classificá-lo como exceção e perdoei a vida por mais esse momento de repugnância. O palheta espatifado foi para as mãos das crianças no quintal.

∎

O Socorro Vermelho se desenvolvia. Fascinada pela luta proletária, dobrava minhas atribuições, aceitava todas as tarefas, participava de todos os trabalhos, colaborava com o partido, me multiplicava para dar mais e mais vida pela causa revolucionária. Minha atividade mostrou rendimento, e o partido determinou que eu deixasse todas as ocupações particulares para me dedicar exclusivamente ao trabalho da organização. Foi nessa ocasião que eu me liguei mais a Herculano e Maria. Eram os dois elementos mais ativos do partido e admirava-os particularmente. Principalmente Herculano, que me entusiasmava com sua independência e honestidade. É a recordação mais pura que guardo da minha vida de militante. Ficou como o cheiro do mar, como um dia fecundo, o gelo que derramava em minhas veias inflamadas. O "show" soturno da voz que enchia os sindicatos e fazia palpitar as ruas. Herculano, o solitário da marcha da fome, o derrubador de bondes, o derrubador da ordem no cais. Ele e Maria me orientavam nas ruas de revolta, me mostraram todas as faces da opressão, me puseram em contato com a miséria real. O Socorro Vermelho, seção de Santos, pôde enfim ser considerado. Conseguira cobrir de muito as adesões do partido, que antes eram mais restritas. E prosperava. Aproximava-se o dia 23 de agosto. Resolvemos que se realizaria nesse dia o primeiro comício do Socorro, homenageando Sacco e Vanzetti. Redobramos as atividades e o comício foi marcado para as oito horas da noite.

Na casa de Victor, estabelecemos o serviço de ordem e a distribuição das tarefas. Apesar de minha oposição, fui escalada para abrir o comício. Dentro da unanimidade, senti que teria condições de realizar o que estava acima das minhas forças. E aceitei. Dirigi-me, como sempre particularmente, a Herculano, para que ele me orientasse. Falou principalmente em minha forma de ação, que seria discursar a qualquer custo e não abandonar a praça em nenhuma hipótese, mesmo que fosse invadida pela polícia. Faltavam algumas horas para a concentração. Ficamos conversando. Lembro-me daquela mesa de cerveja da casa de Victor, onde os filhinhos de Herculano se encarapitavam. A carícia enorme e suave da mão gigante nas cabecinhas pretas. Herculano tinha a camisa desfiada pelo peito, que não exalava agressividade porque era sereno como um respirar de boi dormindo. Deveria seguir para a Rússia na semana seguinte. Mostrou-me o passaporte já preparado. Lembrou a companheira morta havia pouco tempo. Apresentou-me a uma menina, sua cunhada, que ficara a seu cargo.

O partido transmitira as diretivas formais contra o porte de armas. O Socorro se submeteu. Herculano escalou-se para a autodefesa junto ao grupo já escolhido. Devíamos ser os últimos a chegar. Seguimos para a praça da República em caminhão coberto com a bandeira do Socorro Vermelho.

A praça já estava repleta de trabalhadores e policiais. Descemos incorporados do caminhão e nos dirigimos em bloco para o centro da concentração. Não tínhamos chegado à estátua e a polícia já me detinha para impedir que se começasse a manifestação, sabendo que eu devia falar em primeiro lugar. Mas Herculano me arrastou e me fez subir para falar. Mal tinha começado, quando se ouviram os primeiros tiros. Não podendo ou temendo romper a autodefesa para impedir o discurso, a polícia atirava na multidão, para que ela se dispersasse. Victor, um dos elementos da autodefesa, foi atingido. Vi que cambaleava, ferido. Depois, nada mais se entendeu. Alguns policiais estavam vestidos como operários. Eu não mais distinguia os indivíduos da polícia, a não ser pelas armas disparando.

O investigador que nos teria atingido caiu sob o peso de Herculano. Ficou ali, largado. Hoje, empregado honorário da polícia, ainda carrega o braço inútil e o ombro retorcido.

Senti depois a mão de Herculano me arrastar violentamente. Depois o colosso negro tombando: levara um tiro nas costas. Pouca gente, então, na praça. O último policial sumindo na esquina. Herculano com a cabeça em meus joelhos. Depois, sentou-se, olhou-me, dizendo: "Agora está começando a doer um pouquinho...". Depois, as suas últimas palavras: "Continue o comício! Continue o comício!". Andou até o automóvel, não havia mais Herculano.

E continuamos o comício. Falaram doze oradores. Lembro-me do discurso de Villar, que era como se viesse do fundo da terra. A dor toda do mundo falando. Os filhos de Herculano gritando pelo pai, contra a polícia. Só então pude falar, encerrando o comício. Não sei como falei nem o que falei. As notas do meu discurso arranjado foram esquecidas. Sei que conservava a bandeira vermelha na mão dolorida pelo último arranco de Herculano para me salvar dos tiros, a bandeira do Socorro que tinha nascido no fundo da ilha das Palmas com as letras brancas feitas com forminhas de inscrição de cemitério. Quando pedi à multidão que cantasse a *Internacional*, a cavalaria invadia a praça. Foi Maria quem falou aos soldados, e tão magnificamente que os militares recusaram-se a agir contra os trabalhadores. Essa ação não foi minha, como se propalou. Apenas procurei secundá-la com algumas palavras soluçadas, já sem som. Havia uma menina ao nosso lado nessa ocasião. Era a cunhada de Herculano. Vendo a ineficiência dos cavalarianos, a polícia civil atirou-se novamente contra nós. Maria conseguiu fugir. Levaram-me para um carro. Vi que Leonor, a cunhada de Herculano, tinha sido presa também. Senti um sapato no pescoço e não podia mais respirar.

Leonor tinha apenas catorze anos. E era maltratada pelas salas sujas, ouvindo com certeza pela primeira vez os nomes que lhe davam.

Fomos encerradas em celas contíguas, as celas conhecidas da cadeia de Santos. Havia um buraco no centro e era preciso escancarar as pernas para não mergulhar na imundície. Tinha o pescoço dolorido, a garganta ardendo, muita vontade de me atirar num chão e dormir. Mas não podia sequer encostar nas paredes da cela. A instalação elétrica. O esguicho imundo e, o que era pior, o barulho que me enlouquecia a cada cinco minutos, com o intervalo que me fazia ouvi-lo cada vez antes de começar. Quantas horas cantei ali. Depois levaram a mim e a Leonor para uma sala onde duas loucas estavam detidas. Como foi bom espichar o corpo ali no chão duro. Mas nem cinco minutos durou esse prazer. Uma contraordem nos conduziu novamente para as celas, onde permanecemos por 48 horas. Eu, mais catorze horas. Leonor foi posta em liberdade no dia seguinte por sua idade. Naqueles cinco minutos em que permanecemos juntas na sala das loucas, pude lhe dizer algumas palavras de solidariedade e carinho. Não necessitava encorajá-la. Tinha os olhos enxutos cheios de ódio e foi cantando para a cela.

Quando fui conduzida da cela para o "xadrez", não percebia mais nada. Não pude perceber quando perdi os sentidos. Lembro-me apenas da dor intensa que sentia na garganta e da minha falta de voz, quando não pude mais cantar.

Acordei no meio de mulheres disputando um pedaço de cobertor que alguém pusera sob minha cabeça. Era a primeira vez que me encontrava realmente em prisão, num ambiente que não conhecia. A minha roupa estava em farrapos e o meu corpo, duro de frio, doía, doía tanto...

Não vou relatar aqui os sofrimentos por que se passa numa prisão de mulheres. Faria uma má descrição e os sofrimentos físicos só foram sentidos na hora. A gente se esquece deles. Eu, principalmente. A prisão não tinha importância para mim, a não ser no que se referia à paralisação do trabalho começado. Sempre pensei que na cadeia também se podia lutar. Atormentava-me a falta de comunicação, a ausência de notícias de companheiros. Não sentia nenhuma humilhação. E, no fundo, talvez sentisse alegria com o sofrimento que era proporcionado por minha luta.

Passei uma semana a mais na cadeia de Santos. Um dia antes de minha transferência, recebi notícias de fora por um camarada que chegou preso, com quem não tive dificuldades em me comunicar. Soube das manifestações imensas por ocasião do enterro de Herculano. A polícia não entregou o corpo aos trabalhadores que o reclamavam nem à família. Organizou-se então um enterro simbólico e a multidão invadiu o cemitério. Soube também que o meu nome era propalado aos quatro cantos e repetido com entusiasmo no meio dos proletários, o que era considerado pernicioso pelo partido por se tratar de uma militante de origem pequeno-burguesa. Os jornais incentivavam isso com noticiário escandaloso em torno de minha pessoa. Eu era realmente a primeira comunista presa e, no Brasil, isso era assunto a ser explorado, principalmente não se tratando de uma operária. Os comentários transformaram-se em lendas mentirosas, que exageravam minha atuação.

Daí partiu o boato de que eu tinha dominado a ação dos soldados, que não tinham atirado por minha causa etc. Todas essas coisas ridículas fizeram com que o partido tomasse providências, pois só a organização e o nome da organização deviam ser comentados. Sugeriram-se um manifesto e uma declaração minha. O manifesto só foi distribuído durante minha permanência na cadeia de Santos. Nele se acentuava a desordem provocada por mim, que eu tinha falado sem conhecimento ou autorização da organização, com intento provocador etc.

A humilhação foi dura, doeu demais, o meu orgulho e o que chamava dignidade pessoal sofreram brutalmente. Mas achei justa a determinação e aprovei o manifesto, disposta a todas as declarações ou fatos que exigisse de mim o meu partido.

O carro de presos transportou-me para a Imigração, convertida naquele momento em presídio. Puseram-me só no pavilhão imenso, completamente incomunicável.

■

Não tinha livros, não tinha jornais, nem roupas, nem o que fazer. Contei tábuas do chão, do teto, cantei, dancei, fiz ginástica, tomava banhos um atrás do outro e pensava, pensava na minha vida, em minha luta, no muito que pretendia lutar até que, rompendo a desconfiança dos trabalhadores organizados, pudesse ser tratada como uma igual, apenas como uma militante qualquer de base.

Achava justa, justíssima, a restrição que me faziam. Mas eu havia de lhes demonstrar a minha sinceridade.

O tempo ia passando. Eu é que não sabia de nada do que se estava passando. E as horas e os dias se sucediam com implacável demora. Não tinha notícias de nada nem de ninguém. O encarregado da faxina entrava com a sentinela e não tinha permissão de trocar uma palavra comigo. Da mesma forma o velhinho que me levava as refeições. Havia janelas gradeadas demasiadamente altas e separadas por tabiques. Ouvia a fanfarra e o apito dos trens passando perto. Não havia sinais de outros presos.

Depois de semanas de solidão, ouvi numa das tardes intermináveis que vozes próximas cantavam a *Internacional*. Eram presos que chegavam. Seis mulheres que haviam participado de uma manifestação em prol da liberdade dos presos políticos. Soube então que os companheiros presos não estavam na Imigração, mas espalhados em diversas delegacias, esperando ser deportados, como já tinham sido outros, para Montevidéu.

Algumas mulheres foram logo postas em liberdade. Ficamos eu, a companheira de Paulo Lacerda, uma francesa e Carmen, a companheira de Ramon.

Éramos as boas militantes do partido, com todos os defeitos das mulheres do povo, mas suficientemente diferentes das operárias incultas e capazes de entusiasmos como valentes lutadoras. Os dias, então, eram aproveitados em conhecimentos recíprocos, trocas de ideias, planos de reivindicações. Passavam, claro, com mais rapidez e mais intensamente movimentados.

Depois de muito tempo, me concederam uma visita. Era a do tenente Emídio Miranda, amigo pessoal meu, que tinha sido companheiro de Prestes na Coluna. Prevaleceu-se do seu conhecimento com o diretor da Imigração. Conseguiu que permitissem excepcionalmente a sua visita. Deixou-me com a promessa de trazer meu filho no dia seguinte, o que conseguiu de fato. Concederam-me apenas cinco minutos para abraçar o garotinho. Rudá completava naquele dia, 25 de setembro, o seu primeiro ano de vida. Ele já andava, o meu filhinho, e entregou-me ele mesmo algum dinheiro que Oswald me mandava.

■

Voltei para a prisão, onde passei ainda dias e dias. Não obtive mais visitas. Uma noite, estávamos já deitadas quando foram me chamar. Ia ser posta em liberdade, me disseram. Despedi-me das companheiras e saí caminhando pelas ruas escuras do Brás. Era uma hora da manhã. Vi que era acompanhada por um tira. Esperei que ele me abordasse e me perguntasse aonde me dirigia. Respondi-lhe que era muito tarde, que ia para um hotel, de onde tomaria rumo no dia seguinte. Acompanhou-me até a porta do hotel. Entrei, tomei um quarto. Saí uma hora depois. Percebendo que não havia ninguém nas imediações, tomei um automóvel e fui para a casa de Oswald.

Oswald estava foragido, mas encontrei Ramon dormindo ali, aliás, tomado de pânico à minha chegada. A governanta, temendo por Ramon, por quem estava apaixonada, deu-me logo o endereço de Oswald, que não estava longe. Foi depois buscá-lo. Ele apareceu daí a pouco. Eu não poderia ficar numa casa com comunistas procurados pela polícia. Resignei-me a deixar o meu filho e segui Oswald.

A governanta comunicava-se diariamente conosco para nos dar notícias do nosso filhinho. Um dia, trouxe atrás a polícia. Percebemos a tempo e, enquanto forçavam o portão da frente, saltávamos o muro dos fundos.

Começou aí a ridícula e irritante peregrinação por meio de lugares inseguros, onde não podíamos ficar mais que um dia ou dois. A polícia realmente nos perseguia e me haviam posto em liberdade apenas para conseguir novas prisões. A reação era intensa naquele fim de 1931. Todos os presos estavam sendo deportados para o exterior ou para as colônias. Conseguimos subornar um "tira" que já nos tinha deitado a mão.

Arranjamos um lugar mais ou menos definitivo para ficar e para ali transportarmos nosso filhinho. Não havia dinheiro e a governanta demitiu-se carregando as joias que eu tinha, aproveitando a situação. Foi viver com o comunista Ramon, o mesmo que se tinha arvorado meu conquistador quando eu vivia na Ponta da Praia. Passamos uns dias mal. Rudá emagrecia e fomos obrigados outra vez a correrias. O menino ficou doente em mãos estranhas. Depois, amainada a reação, ficou novamente conosco. Seguimos para Cruzeiro, na Central. A nossa chegada coincidiu com uma greve e não fomos presos porque elementos dali nos alertaram. Pouco a pouco tudo foi serenando. Já se podia aparecer e ficamos vivendo em casa de Demais, em Santo Amaro, onde pagávamos uma pensão.

A minha vida com Oswald estava restabelecida. Presidida apenas por um sentimento de camaradagem, não havia dissonância. Éramos dois amigos libertos de qualquer outro vínculo que não fosse a solidariedade. Aliás, durou pouco esse período em que eu me dedicava apenas a meu filho. Oswald passava os dias estudando comigo. Quando saía, eu passeava com meu filho no automóvel de Demais, pelas estradas da represa, ou ia à piscina. Rudá era o meu amor e toda a minha vida naquele momento.

Mas muito pouco tempo foi assim. O partido exigia que eu seguisse para o Rio. Já havia repousado suficientemente e devia voltar à luta. Eu esperava esse chamado, mas não a intromissão na minha vida particular. Exigiam a minha separação definitiva de Oswald. Isso significava deixar meu filho. A organização determinava a proletarização de todos os seus membros. Eu não era ainda membro do Partido Comunista. O preço disso era o meu sacrifício de mãe. Ainda havia condições mais acentuadas. Oswald era considerado elemento suspeito por suas ligações com certos burgueses, e eu teria que prescindir de toda e qualquer comunicação com ele e, portanto, resignar-me à falta de notícias de meu filho. Não discuti as exigências. Apenas transmiti tudo a Oswald quando chegou, bem como a minha resolução de partir. A atitude de Oswald foi simpática. Não opôs o menor obstáculo. Disse-me apenas que esperaria a minha volta, que eu teria sempre um lugar junto dele. Que voltasse quando quisesse.

Sofri horrivelmente deixando o Rudá. Eu sei o que sofri com isso, mas não houve de minha parte a menor hesitação. Talvez não o amasse tanto como julgava. Segui para o Rio na mesma noite.

Dois dias num hotel sujo, perto da estação. No terceiro dia já estava instalada no cortiço da avenida Suburbana, na Penha. Ia começar meu trabalho revolucionário, sob o controle persistente de um companheiro do partido. Estava encarregado de severa vigilância sobre minha atuação, para que eu não cometesse desvios pequeno-burgueses e para impedir-me de exercer prepotência no grupo em que devia militar. Foi escolhido para isso um judeu alfaiate que devia também me dar trabalho em sua oficina, para que eu não pesasse economicamente na organização. Nunca tivera vocação para costura, mas me vi aprendendo a fazer casas em pedacinhos de fazenda com garotas de dez anos que as faziam com perfeição. Não me lembro de quanto ganhava pelo meu trabalho, mas sei que não conseguia alcançar nem a décima parte do pagamento que recebia a mais nova aprendiz, pois no tempo de preparar dúzias de casas eu só conseguia terminar duas ou três. Era de um ridículo tremendo continuar ali. Fiz ver isso aos companheiros, que me autorizaram a arranjar outro trabalho.

A minha casinha no cortiço estava paga, mas nem todos os dias eu tinha a comida garantida, pois só me favoreciam de vez em quando o transporte, quando havia reunião em lugares distantes. Resolvi procurar algumas pessoas que conhecia no Rio. Fazia uma semana que chegara. Encontrei com facilidade amigos antigos que me acolheram festivamente. No mesmo dia em que resolvera procurá-los, arranjei dois empregos. Um, na Agência Brasileira, outro, no *Diário da Noite*. Hesitava entre os dois quando, à noite, na reunião, ouvi a oposição absoluta daqueles a quem devia obedecer:

"Nada de jornal. Nada de trabalho intelectual. Se quiser trabalhar pelo partido, terá que admitir a proletarização."

Expliquei-lhes que não comera o dia todo, que não tinha dinheiro nenhum, que se não me auxiliassem economicamente em breve não teria mais forças nem para procurar trabalho.

Comecei a receber daí mil-réis por dia. Era o suficiente para que eu comesse num restaurante de simpatizantes, onde me serviam uma refeição diária por seiscentos réis. Não tinha grandes tarefas políticas. Toda a minha vontade de luta era apenas empregada em uma ou duas horas de cópias à máquina. O dia todo percorria a cidade procurando trabalho.

Essa busca levou-me a uma agência de empregados domésticos. Cheguei ali de manhã cedo. Fizeram-me sentar ao lado de outros desempregados, esperando que alguém aparecesse para nos contratar. Logo que aparecia um cliente, chamavam-nos. Em fila, éramos passados em revista, para que o pretendente escolhesse a melhor ou o melhor escravo. Apesar de todo o meu querer, sabendo estar ali por minha vontade, não deixei de me sentir horrivelmente humilhada logo no primeiro desfile. Era como se estivesse num bordel, ao lado de outras prostitutas, esperando a escolha do freguês. Sentia-me despida pelos olhos do homem ou da mulher que faria a escolha. Cheguei a sentir obscenidades nas perguntas que me faziam, nos olhos que me percorriam, como se eu estivesse à venda.

Ao meio-dia não suportava mais. Pretendia deixar aquilo tudo, quando apareceu um homem que me escolheu. Era um médico do hospital de Jacarepaguá. Precisava de uma criada que fosse, ao mesmo tempo, uma espécie de enfermeira para sua mulher doente. Deu-me o seu endereço em Santa Teresa e dinheiro para o bonde. Depois, os dez mil-réis para a agência. Não sei por quê, mas quase desfaleci de vergonha quando pegou esses dez mil--réis, depois de examinar-me em todos os sentidos.

Saí correndo dali. Tinha os dois mil-réis para o bonde. Sobrava-me para comer qualquer coisa. Estava tonta de fome e entrei no primeiro café que encontrei. Estava com minha média quase esgotada, quando entrou uma das moças que haviam feito fila comigo na agência. Sentou-se comigo, conversamos. Ela me disse que havia desistido da agência e que iria procurar trabalho em fábricas. Deu-me o seu endereço e convidou-me para buscarmos colocação juntas. Eu já estava cansada de procurar sem resultado e quis experimentar o trabalho na casa do médico. Disse que a procuraria se não conseguisse me ambientar no emprego que arranjara. No dia seguinte, fui para Santa Teresa e comecei a trabalhar.

Eu era bastante forte para que sentisse o trabalho excessivo. Era uma senhora, só. Ela mesma cozinhava. Eu teria que tomar conta da arrumação e fazer o serviço de copeira. Esforcei-me por dar conta do recado. Tudo se passou regularmente até as quatro horas da tarde. O médico só regressaria à noite. Havia tempo para o jantar e a patroa mandou-me descansar. Sentei-me na escada do quintal para pensar em minha situação.

Daí a pouco, uma balbúrdia louca na cozinha. A minha patroa, que devia pesar mais de cem quilos, rolava em convulsões, desfigurada, medonha, derrubando tudo o que encontrava com o corpo. Depois, pareceu melhorar. Levantou-se. Era uma figura tremenda e investiu contra mim. Sei que saí, fechei a porta e telefonei ao médico, não voltando mais ali nem à agência de empregos.

Peregrinei por todas as fábricas do Rio. Eram horas de espera, promessas... Todas as manhãs, deixava o meu nome. Vivi dias no pátio da companhia Souza Cruz.

Na Hanseatica, havia trabalho no engarrafamento. Mas ali, para não se perder os braços, era necessária uma prática feroz, um treino que eu não possuía. Ao menor descuido, eram cacos de vidro por toda parte. Fiquei observando por apenas uns quinze minutos aquele trabalho. Foi o suficiente para que eu presenciasse um desses desastres. O próprio operário que ministrava as indicações aos aprendizes foi a vítima que veio dali ensanguentado, inutilizado. Parei. Quero dizer, ainda quis insistir, mas uma operária velhinha fez-me desistir:

"Não, menina. Isso não é trabalho nem para homem."

Depois, chegou a época dos recortezinhos de jornal. Após dias e dias de procura, marchas inúteis, de quase desânimo, encontrei um anúncio procurando moças para indicadoras de cinema. Vesti-me o melhor que pude e apresentei-me.

Ali ainda houve motivo para espanto. No hall do cinema se comprimiam mais de duzentas mulheres de todas as formas, de todas as idades, de todas as figuras. Foi um verdadeiro concurso em que a primeira eliminatória foi feita num desfile de demonstração exterior. Sobraram umas vinte para a escolha definitiva, mas só seis seriam selecionadas. Aí, submeteram-nos a novo exame.

À tarde, dormi sem acordar. Estava empregada. Pertencia ao grupo das indicadoras. Iria receber duzentos mil-réis por mês e nada colidia com o espírito dos comunistas. Consentiram que eu trabalhasse como vaga-lume do Broadway!

A minha vida estava mais ou menos organizada. Evidentemente sofria ainda uma série de privações porque gastava muito em transporte. Mas que importância tinham essas privações para mim? Ganhava minha vida. Vivia à minha custa e os meus companheiros estavam satisfeitos comigo; assim pensava eu, pois me parecia que pouco a pouco a desconfiança inicial diminuía. Puseram-me em contato com outros comunistas que trabalhavam no meu setor, para que eu cuidasse da organização do sindicato de trabalhadores em cinemas e casas de diversões.

No meu emprego, reuni logo um grupo que simpatizou com a ideia e tudo ia às mil maravilhas. A lista de adesões crescia, quando surgiu o primeiro impasse. As empregadas do Cabaré Assyria mandaram a adesão unânime. As indicadoras fizeram oposição: eram moças de família e não podiam se misturar a mulheres suspeitas dos dancings. As moças do Assyria demonstraram a situação de assalariadas e não quiseram retirar a pretensão, causando o desmembramento do trabalho já organizado. Começou a se falar demais no sindicato. No Broadway só se discutia isso. Houve mesmo choques pessoais, comadrices, o diabo! O fato é que o gerente resolveu acabar com o negócio, proibindo a entrada das moças no sindicato. Naturalmente, fizeram-no saber que eu tinha levado ali dentro a ideia e fui lindamente despedida.

■

Entretanto, dessa vez não fiquei muito tempo sem trabalho. Por intermédio de um companheiro, entrei na metalurgia. Fantasiei-me de fato de operária. Com o meu avental xadrez, com as mãos feridas, o rosto negro de pó, fui considerada comunista sincera. Da noite para o dia, a desconfiança desapareceu e entregaram-me tarefas de maior responsabilidade. Puseram-me em contato com os assuntos mais restritos e ilegais do partido. Três dias de "proletarização" foram suficientes para que me escalassem para a Conferência Nacional. Eu que, até então sob severo controle e vigilância, não podia ter contato a não ser com meia dúzia de elementos, fui designada para a Conferência que reunia a direção de todos os estados do Brasil. Ia conhecer e ouvir os chefes supremos do Partido Comunista Brasileiro e os representantes da Internacional no Brasil.

Não é meu intento descrever minuciosamente os detalhes e os aspectos da Conferência. Não estou escrevendo autobiografia para ser publicada ou aproveitada. Isso é para você ter um pouco mais de mim mesma, das sensações e emoções que experimentei.

V. foi buscar-me à noitinha. Sem saber para onde ia, lembro-me de que calcei uns sapatos novos que me martirizavam os pés. Não sabia que depois da viagem de trem ainda tinha que andar umas sete horas a pé. Depois de algum tempo de morros, buracos, abismos, o diabo, um charco engoliu um dos meus sapatos. Ao ranchinho em ruínas do fim do caminho só chegaram os meus pés em chagas. Havia ainda outros obstáculos físicos, a chuva e um desvio que levamos uma hora a encontrar. Tudo para mim, no entanto, era maravilhoso, até os espinhos me ferindo e aquela noite brutal enchendo de vibração meu riso, em que minha voz mal abafava meus espasmos de entusiasmo. Quanto gozei aquela noite em que ia me reunir a toda a articulação, a todo o alicerce do movimento comunista. Seria o êxtase místico o que me invadia ou um gostinho literário infantil? O deslumbramento pelo mistério e pela quadrilha, fita de cinema, romance de capa e espada... Eu era a ínfima personagem daquela reunião, mas, enquanto ia atravessando o mato e me atolando na lama da noite rocambolesca, me sentia orgulhosa, contente da vida e de tudo. Depois, eu ia entrar em contato com os mais capacitados elementos do partido, poderia fazer-lhes perguntas sobre uma porção de coisas que desejava saber, e com certeza iria aprender muito. Mas distinguia bem que a emoção maior me era proporcionada pela confiança com que me glorificavam naquele momento.

Quando chegamos ao rancho, já ali estavam diversos companheiros e um café nos esperando. Os grupos chegavam pouco a pouco. Três, quatro pessoas de cada vez. Às oito da manhã, deram início à Conferência. Puseram-me na mão uma arma pesadíssima que eu desconhecia e me enviaram para o segundo ponto de autodefesa, a um quilômetro do local de reunião. Eu não sentia nada mais do que a luminosidade da manhã e de minha alegria. Com a certeza de cumprir o meu dever de revolucionária se surgisse o extraordinário. Estudava a enorme arma que tinha nas mãos. O manejo tinha me sido explicado rudimentarmente em duas palavras. No momento não pensei no grotesco de minha figura, sentinela da Conferência Nacional. Só hoje penso no susto que poderia pregar em alguém que aparecesse, com os meus pés descalços, uma figura de cidade com uma equipagem guerreira. Estava completamente só, pois não via a minha comunicação de defesa escondida certamente atrás de alguma pedra ou elevação de terreno. Pensei que se desse um tiro toda a Conferência se espalharia. Haveria animais selvagens por ali? E se surgisse uma onça e eu fosse obrigada a atirar? E se eu precisasse atirar no caso de aproximação da polícia e a arma falhasse? Dentro do meu entusiasmo havia muita angústia e eu devia ficar ali durante quatro horas. Mas as quatro horas terminaram e eu fui substituída.

A Conferência continuava, mas a nada assisti nesse dia. Fiquei com a turma de defesa do rancho. Passamos a tarde preparando a comida. À noite voltei para o meu posto na entrada da colina. Um pouco pior. Havia a escuridão, o barulho da mata que me enganava a todo momento. Julgava ouvir tropel, ver figuras em cada sombra. Tremia de frio e estava exausta. Era a segunda noite que passava sem dormir. Era muito melhor. Todas as dificuldades eram adequadas a meu estado de espírito. Era feliz com o acréscimo. Sentia que minha vida valia alguma coisa. Dava muita importância à minha pessoa.

Como ninguém fosse me buscar para me substituir, passei toda a noite ali no meu ponto de observação. Pela madrugada, avistei um casal que se aproximava e depois um grupo de homens. A consigna era atirar. Mas não tinham jeito de polícia, depois havia uma mulher no grupo. A incerteza, a vacilação e não saber o que fazer. Corri como uma doida por aquelas pedras que rolavam na minha passagem, caindo lá embaixo no abismo. Mas alcancei a segunda sentinela para lhe perguntar o que devíamos fazer. Recebeu-me às gargalhadas.

"Você não vê que são companheiros? É a mulher de CM11."

Desde esse momento, comecei a perceber o ridículo da situação. Acentuou-se quando me fizeram montar guarda contra um elemento suspeito que ali se achava. Tinha sido ali levado por um camarada que também ficou sob vigilância. Mais dois enormes e troncudos trabalhadores que eu não podia perder de vista. O cansaço era brutal. O meu braço já estava quase paralisado. Não tinha sono, o que atribuo à agitação nervosa, mas sentia que não poderia, dentro de algum tempo, dar mais um passo. Sentia vertigens e os meus pés doíam horrivelmente. Mas eu percebia ao longe o grupo de dirigentes reunidos. Eles também estavam sem dormir. Os trabalhos tinham curtos intervalos para a "boia". Eu me sentia humilhada com o meu abatimento físico e fazia esforços medonhos para não deixar transparecer o meu cansaço. A terceira noite chegou e se resolveu dar descanso aos conferencistas, o que equivalia redobramento da vigilância pela autodefesa. Às quatro da manhã me presentearam com duas horas de sono. E foi o que se pôde dormir nessa conferência de cinco dias. Alguns não resistiram e na última noite a Conferência ficou desfalcada. Não havia crítica que erguesse do chão os corpos arrasados. Outros lutavam desesperadamente contra o sono, apoiados no sofá. Muitas cabeças tombavam no correr da discussão, mas não era possível mais descanso. A permanência dos chefes reunidos era um perigo constante que precisava ser removido o mais depressa possível. Com a chuva, a reunião terminou dentro do rancho. Partiram em primeiro lugar os mais responsáveis e, depois, os outros. A minha chegada em casa foi um escândalo. O meu aspecto devia ser tremendo, acrescentado pelos enormes sapatos masculinos que arranjei no trem.

Do que pude ouvir na Conferência, das discussões a que assisti, das resoluções políticas adotadas, achei tudo magnífico, perfeito, lógico, justo. Vendo as figuras encovadas, sorridentes, amarelas dos companheiros que se despediam como irmãos, sentia um bem-estar envolvente. A minha alegria se penetrava de uma fé absoluta. E a minha convicção era inexpugnável. O proletariado brasileiro guiado por uma vanguarda daquela têmpera se libertaria, seria vitorioso, dentro de pouco tempo.

Continuava trabalhando na metalúrgica. A minha vida particular não tinha nenhuma importância. Eu vivia para a minha luta. Não sentia nenhum abatimento físico, achava-me de uma resistência brutal. Passava doze horas no meio dos artefatos de metal, contente com a minha força, satisfeita com a minha resistência, ansiando pela hora do almoço, quando tinha mais possibilidades de conversar com os companheiros de trabalho para lhes transmitir minha confiança e meu ideal. Desejava que a sereia tocasse a saída da tarde, para encontrar os meus camaradas de luta e com eles concretizar os planos traçados na última reunião.

Pensava pouco em minha vida particular, mas pensava algumas vezes. Não tinha notícias de meu filho, mas com medo de me comover com isso afastava todo pensamento que me chamasse a atenção para esse lado. Usava a mesma manobra que já tinha sido por mim utilizada sempre que surgia em minha imaginação a figura de mamãe, que eu nunca mais vira desde o meu casamento. Gostava de ver os casais de comunistas em perfeita comunhão de ideias e compreensão. Mas só conheci um assim. Assim mesmo, não sei se realmente formavam o par que julgava. Mas creio que representavam qualquer coisa de diferente, CM11 e Maria. Maria morreu de parto nessa época. Foi pouco depois da Conferência, que foi, aliás, onde a vi pela última vez. Fez todo aquele caminho com uma gravidez de nove meses. Morreu de parto, dizem que em consequência do esforço feito pela Conferência. Uma vez pensei que seria bom ter um companheiro como CM11.

O ambiente da metalúrgica era esplêndido para se trabalhar. Fazia-se ali abertamente a propaganda comunista e o restaurante onde almoçávamos coletivamente era a nossa ampla sala de assembleias. Eu era coadjuvada no meu trabalho por mais um membro do partido que trabalhava ali. Em pouco tempo já tínhamos conseguido duas células de empresa.

Um dia encontrei na rua o Picolé, irmão de Leonor. Fomos jantar juntos, e eu, entusiasmada pelo meu trabalho de propaganda e recrutamento, falei o tempo todo da organização e da luta dos trabalhadores. Não tinha nele uma confiança ilimitada, mas julgava-o um simpatizante do comunismo e não hesitei em apresentá-lo aos camaradas, recrutando-o para o Socorro. A sua adesão tinha a vantagem de nos aproximar de uma porção de jovens. Picolé mesmo morava com uma porção deles numa república que tinham organizado na Lapa. Introduzi-me nessa república, que, em pouco tempo, foi transformada num núcleo do Socorro. Eu me lembro bem desses jovens — Tuta, Armando, Tomás, Ricardo —, mas falarei ainda deles, com os quais em breve iria residir.

Moravam quase ao lado da metalúrgica. Eram rapazes, mas eu não distinguia o sexo dos revolucionários. Consultado o partido, fui morar na república da Lapa, num quartinho que havia disponível na casa, deixando o meu cortiço na longínqua avenida Suburbana.

Naquele segundo andar da rua da Lapa, julguei ver realizado um velho sonho meu. Sempre sonhara ver reunido num bloco só de afeto e solidariedade um grupo de jovens de ambos os sexos, em que a questão sexual não entravasse a comunicação e o sentimento afetivo.

Tinha sido uma casa de pensão da mãe de um deles e então entregue aos rapazes, que tinham a vantagem de não pagar aluguel. Entrei como um rapaz ali, no meio deles. E a única diferenciação era o meu privilégio de ter um quarto só para mim. Cheguei a estimá-los profundamente. Era quase maternal o meu sentimento, que não distinguia nenhum deles.

Uns trabalhavam, outros não. Mas vivíamos todos juntos, participando dos mesmos interesses numa comunidade absoluta. Até as minúcias da marmita, que era repartida entre todos no jantar e que enfeitávamos nos dias gordos com algum extraordinário. Às vezes o dinheiro não chegava. Mas que festa quando um de nós recebia pagamento! Eu me lembro que uma vez compramos cinco cigarros para serem divididos. Eram jantares à noite, dias festivos no Restaurante Reis. Odila e Hélia aumentaram a nossa comunidade e começaram a participar de nossa vida, abstendo-se apenas do trabalho político.

Íamos remar e nadar cedinho no Flamengo, antes do trabalho. Reuníamo-nos depois, à tarde, no jantar, e à noite, quando não havia tarefa política. Odila era mais nossa. Hélia tinha prerrogativas. Era demasiado tímida para a nossa vida. A sua fragilidade era respeitada e os rapazes cuidavam de escolher as palavras e o assunto quando estava presente.

Picolé conseguiu trabalho na metalúrgica. Começamos a trabalhar juntos. Era mais um elemento para a luta na empresa. Chegamos a um grande resultado ali: as células se desdobravam e tivemos quase a maioria organizada.

Num comício que o partido realizou no largo da Lapa, a fábrica teve o trabalho paralisado. Os operários seguiram incorporados para participar da manifestação. Uma nota brutal nesse dia: uma criança foi pisada por um cavalo. O ferimento não foi grave, mas a menininha perdia muito sangue, desfalecida nos braços da mãe, que era uma companheira de partido, obrigada a passear com uma bandeira ensanguentada, antes de poder cuidar da filha. A mãe, sobrepujando a revolucionária, quis protestar, mas os camaradas obrigaram-na quase à força a falar, a fazer um discurso, antes de entregar a criança para os curativos.

Raquel falou também nesse dia no comício. Já havia nessa ocasião um movimento dentro da organização. Tinha chegado deportada do Norte e a turma que fora no cais recebê-la ficou decepcionada porque não viera fantasiada de operária nem possuía a figura da comunista convencional. Tinha dirigido com valor a luta da juventude no Norte, mas isso, todo o seu esforço e sacrifício se evaporaram na pele que trazia escondendo a garganta doente. Ninguém quis perdoar o seu lorgnon de ouro. Sofreu depois o diabo por causa disso.

Um dia, Nonê chegou à república da Lapa. Chegou e se instalou. Tomou logo conta de Hélia. À tarde saíam a passear os dois. A passear e a brigar o tempo todo. Foi a primeira deserção. Pouco depois, houve uma insinuação na porta de meu quarto. Tomás, embriagado, queria ali entrar à força, de madrugada. Foi posto na rua pelos outros.

Armando ficou doente. Doença repugnante e íntima. Mas não havia o pudor comum nas nossas relações. Eu e Odila tratamos dele com toda simplicidade.

Pouco a pouco foram se transformando e degenerando o sentimento e o caráter da comunidade. Qualquer coisa insidiosa, sem manifestações de camaradagem e solidariedade. Insensivelmente, tudo passou a ser o que não era.

Nem mais unidos como antes. Sempre um ou outro se distanciava, procurando seu interesse particular.

Nonê disputava o tempo todo com Hélia, que, muito sensível e infantil, sofria com isso, o que motivou uma série de desacordos. Um dia, deixou-nos chorando, dizendo-se disposta a se entregar ao primeiro homem que surgisse. Foi a última vez que nos falamos. Tinha chegado tão feliz. Vestia um costume cor-de-rosa. Tinha sido, nesse dia, consagrada campeã de natação. Depois, chorou como uma criança. Tinha, aliás, apenas quinze anos. Saiu chorando para morrer.

A morte de Hélia pôs fim à república. Todos se separaram. Armando foi morar com Nonê. Eu fui para um quarto no Catete, uma vaga no cômodo de uma mulher que pedia esmolas. Com o Carnaval, houve o afastamento total da organização. O grupo do Socorro transformou-se num cordão carnavalesco de caveiras. Hélia tinha morrido havia um mês; Odila, sua irmã, entregou-se também no Carnaval a um homem qualquer. Só eu não participei desse cordão que reuniu pela última vez os jovens da república.

Absorvida por minha luta revolucionária que continuava, deixei de encontrá-los. Às vezes, iam me buscar ainda para nadarmos juntos, Picolé e Ricardo; Nonê também, mais raramente.

Comecei a lutar com uma série de dificuldades. A falta de alimentação já principiara a se fazer sentir, enfraquecendo-me para o trabalho. Um dia se deu o desastre. Tinham-me ordenado transportar para um caminhão um tabuleiro de peças de metal. Querendo terminar logo o serviço, quis carregar um peso grande demais para minhas forças. Ao erguê-lo, senti uma dor aguda e intensa. Tão intensa que rolei com o tabuleiro. Sofrera com o esforço um desvio de útero. Não pude continuar a trabalhar. Fiquei de cama desde esse dia. O patrão, que não era dos piores, mandou me entregar duzentos mil-réis, que foram gastos com o médico. Precisava operar-me com urgência e de tratamento prolongado. De que modo? O partido mandou-me para o Oswald. Opus-me categoricamente. Como voltar se não havia mais nada nem compromisso algum nos ligando? Eu o tinha abandonado, tinha deixado minha casa e meu filho, rompendo todas as nossas relações comuns. Como voltar nessas circunstâncias? Com que direito iria lhe impor minha pessoa doente e sem recursos? Nem sequer sabia como seria recebida. Talvez já existisse alguém ocupando o meu lugar junto a ele. Recusei terminantemente. E fiquei sozinha. Algumas noites foram horríveis e me sentia abandonada. Eu, que nunca pensara nas baratas que infestavam o meu quarto, sentia-me esmagada por elas. O exército de bichinhos me martirizava e me arrancava lágrimas. A velha chegava à noite, resmungando e espalhando restos de comida pela mesa. Eu me sentia impotente.

Uma noite, saí. Sentia-me menos fraca. Pensei mesmo em ir trabalhar na manhã seguinte. Andei um pouco pelas ruas. Decidi-me a voltar, quando pensei nas baratas. Comprei uma garrafa de cachaça na venda da esquina. Entrando em casa, já me sentia mal. O mendigo que sempre dormia na entrada pareceu-me asqueroso. Passei rapidamente por ele porque me olhou demais de sua cama de papel.

Minha companheira de quarto já dormia à luz da lamparina. As baratas voavam, percorriam a cama, enervavam-me com seu barulho nos infindáveis pacotes da velha, batiam-me no rosto, andavam por minhas pernas, grudavam em minhas roupas... Era de enlouquecer! Tomei todo o conteúdo da garrafa.

Uns três dias de aniquilamento. Não aparecendo ninguém ali, fiquei em minha cama, sem forças para nada. Não tinha mais dinheiro. A mendiga saía de manhã, voltava à noite resmungando. Não se preocupava comigo. Pensei que morreria ali sozinha, quando Nonê chegou com Armando. Não sei por quê, não quis lhe falar do meu estado. Disse-lhe apenas que estava deitada por dor de cabeça.

No dia seguinte, Oswald apareceu. Chegou sem que eu o esperasse, a chamado de Nonê. Eu o vi chegar, depois devo ter passado por momentos de inconsciência. Não sei como me vesti para sair. Estava num automóvel, depois chegamos ao Leblon. Num restaurante dali, Oswald fez-me tomar leite quente. Eu tinha náuseas e ele foi muito carinhoso. Partiu no mesmo dia, deixando-me algum dinheiro.

Nesse dia, percebi que não poderia mais voltar à fábrica sem o tratamento da minha saúde. As dores eram quase contínuas. Havia horas insuportáveis. Além disso, precisava hospitalizar-me com urgência.

Recebi mais uma intimação do partido. Tinham discutido o meu caso e resolvido mandar-me para São Paulo e para Oswald. Além de melhorar minha situação particular, diziam, era do interesse da organização. O partido precisava de intelectuais simpatizantes e me autorizavam a reencetar as ligações quebradas, para desenvolver no meio deles o trabalho de finanças. Autorizaram-me a procurar também Oswaldo Costa.

Sim. Eu senti vergonha e humilhação. Foi assim que embarquei para São Paulo à procura de Oswald.

Oswald foi de uma delicadeza e discrição absolutas. Viu-me chegar. Recebeu-me como se eu o tivesse deixado meia hora antes. Serviu-me um pequeno almoço e foi buscar o Rudá, que brincava no quintal. Não me fez uma pergunta. Falou ao filhinho que eu afagava: "Mamãe chegou". E deixou-me só, percebendo que eu sofria com a sua presença.

Tomou todas as providências de que minha saúde necessitava. Passei uns tempos no Hospital Santa Catarina. Recebi ali a visita de um membro do partido. Era Villar, que passaria a controlar meu trabalho em São Paulo, logo que terminasse minha convalescença. Oswald ia ver-me diariamente com Rudá. Restabeleceu-se, assim, a cordialidade sem intimidade, que acompanhou o meu restabelecimento.

Passamos a viver na mesma casa, mas guardando sempre a barreira que nos separava. Estabelecemos um convívio mais intelectual, com respeito mútuo a nossa vida e liberdade particular.

Papai resolveu esquecer as maldições e me interpelou um dia na rua. Mamãe não perdoava nada e não quis me ver nem receber. Continuava escondida profundamente na minha lembrança.

Por esse tempo começou a reação de 32. Villar foi preso com Eneida. Perdi minhas ligações.

Oswald chegou um dia com a notícia de ordem de prisão para nós. Mais uma vez precisei separar-me de Rudá. Fomos para a serra, onde o casal de estrangeiros que nos abrigou vivia separado do mundo. Ali permanecemos algum tempo nos distraindo com os miados da onça, com o mato e os bichos do mato. Pensávamos estar ali ao abrigo de qualquer investida da polícia, mas logo tivemos que deixar o nosso esconderijo. O chofer Demais tinha sido preso. Mais uma correria por locais provisórios e incertos até chegarmos à casa de um velho anarquista.

Telefonávamos de vez em quando para Santo Amaro para ter notícias de Rudá. Indignados, soubemos um dia que ele tinha sido levado para a polícia, com a governanta. Depois, outras notícias. O filhinho gravemente doente. A polícia não permitia que o levassem ao médico e não deixava ninguém entrar na casa. Naturalmente, desconfiavam que tínhamos notícias pelo telefone e queriam que o fôssemos buscar. Vigiavam a casa o tempo todo e até Syd foi presa, nessa ocasião, por engano.

Era uma situação angustiosa. Um dia em que não consegui ligação para Santo Amaro, não suportei mais. Decidi-me a ver o meu filho. Oswald quis impedir-me e tivemos mesmo uma altercação por causa disso. Finalmente, entramos em acordo.

Oswald não queria que eu voltasse ao local, se fosse a Santo Amaro. Combinamos que eu mudaria antes disso. Ajudou-me a alugar uma casa em Pinheiros, de onde eu poderia empreender as démarches que quisesse. Assim nos separamos.

Sabendo que, em plena revolução, a estrada devia estar policiada, fiz o chofer seguir por um atalho muito pouco conhecido que partia de Jabaquara. Fiz o carro parar distante e entrei pelos fundos da casa, pulando cercas conhecidas.

Demais já tinha sido posto em liberdade. Tendo sido muito maltratado, estava apavorado com a polícia. Disse-me que tinha prometido avisar aos "tiras" que rondavam se eu aparecesse ali e que ia fazê-lo. Rudá tinha melhorado. Mas como estava magrinho, brincando na cozinha...! Estava todo marcado de feridas! Abraçada a ele por uns momentos, desesperei-me. Mandei o Demais, a polícia, tudo ao diabo! Mas durou pouco tempo esse estado. O tempo que Demais hesitou para chamar a polícia. Esperando voltar, saí precipitadamente.

Não sei como consegui chegar à represa, onde encontrei o Dito, um preto que guiava um carro que tomei. Entramos por atalhos e até pelo mato, onde não havia estradas. Consegui escapar. Por me ter auxiliado, Dito foi preso depois.

O caso de Eneida e Villar ficou assunto do dia. Perdeu-se, com essa prisão, importante material tipográfico do partido e, naturalmente, a inculpada foi a pequeno-burguesa. Tendo-se descoberto a ligação íntima dos dois, todo o insucesso e desastres do partido foram atribuídos a Eneida. A lutadora foi expulsa com toda a desmoralização que puderam inventar. Quanto Eneida sofreu! Todas as injustiças imagináveis, todas as humilhações... O seu nome começou a surgir no material político como o de uma degenerada que entrara no partido para satisfazer a sua sede de depravação. Falo tudo isso porque acompanhei e participei do sofrimento de Eneida. Ela poderia ter todos os defeitos do mundo, mas trabalhava pela causa revolucionária honestamente, sinceramente. Tinha feito pelo partido toda espécie de sacrifícios. Eneida tinha sacrificado o próprio amor pela luta política. Ela amava Múcio quando se separou dele para militar. Tinha se despojado de toda situação confortável. Tinha sacrificado a própria vaidade. Tinham exigido dela coisas ridículas. Determinavam-lhe até a comida que devia comer e a roupa que devia vestir. E por ter a polícia descoberto a sua residência, sofria tudo como consequência da responsabilidade que devia ser repartida. Por ter confiado em Eneida, na linguagem do partido, por ter se deixado arrastar pelas seduções de uma intelectual, Villar foi também excluído da luta. Ninguém se lembrou de tudo o que o movimento revolucionário devia a ele.

Essas expulsões deram origem à luta contra os intelectuais e os pequeno-burgueses. A campanha de depuração era encabeçada por dois ou três intelectuais de direção. Eles foram os maiores inimigos da aproximação intelectual. Excetuando-se, claro, da depuração, procuraram afastar da organização todos os elementos que não tinham origem proletária. Não encontrando base para minha expulsão, conformaram-se em me entregar o bilhete de afastamento indeterminado. O companheiro que me entregou a notícia quis consolar-me com um "Espere e prove fora do partido que você continua uma revolucionária. A organização consente que você faça qualquer coisa para provar a sua sinceridade, independentemente dela. Trabalhe à margem, intelectualmente".

Aceitei a situação. Minha vida era minha vida política. Apesar de contrária à "depuração" arbitrária, não quis desanimar. Trabalharia intelectualmente, à margem da organização.

Pensei em escrever um livro revolucionário. Assim, nasceu a ideia de *Parque industrial*. Ninguém havia ainda feito literatura nesse gênero. Faria uma novela de propaganda que publicaria com pseudônimo, esperando que as coisas melhorassem.

Não tinha nenhuma confiança nos meus dotes literários, mas como minha intenção não era nenhuma glória nesse sentido, comecei a trabalhar. Fiquei morando com Oswald no Bosque da Saúde, enquanto trabalhava no livro.

Por essa ocasião, comecei a apreciar sua amizade, meu Geraldo. Encontrava você com mais frequência e tinha prazer nisso. Lembra-se das tardes em que conversávamos no Café Adelino? Fazíamos eu e Oswald mais uma tentativa de vida comum. O hábito, as circunstâncias e mesmo um certo afeto nos ligavam. Depois havia Rudá, que era também um elo. Mas havia tanta distância entre nós...

Depois publiquei apressadamente a novela. Não tinha por ela grande entusiasmo e, se não fosse por insistência de Oswald, não a teria feito. Você fez a primeira "crítica" de camaradagem. Eu já gostava muito de você naquela época.

Você me mostrou, uma tarde, coisas escritas por você. Coisas que ninguém tinha visto ainda e isso me comoveu. Não tenho bem certeza, porque confundo um pouco as datas, mas me parece que logo depois segui com Oswald para o Rio. Fomos morar em Paquetá.

Eu e Oswald conversamos longamente sobre a vida que teríamos dali em diante. Prometemo-nos mutuamente fazer tudo para uma aproximação maior entre nós. Mas foi tudo inútil. Oswald variava tanto as suas aventuras sexuais que me repugnava qualquer ligação física com ele. Pensava em doenças venéreas, que ele poderia encontrar em qualquer canto. Sentia repulsa por qualquer carinho que dele me viesse. Oswald percebia a minha aversão por qualquer demonstração sexual e não insistia muito. Não precisava de mim para isso e sabia que nenhum homem me interessava.

Tínhamos ainda momentos bons de união intelectual e eu conservava um afetuoso reconhecimento pelo homem que considerava meu melhor amigo. Depois, era o pai de meu filho e adorava o nosso Rudá.

Foi ridículo ter pensado assim, sentido assim, mas nas noites envolventes de Paquetá, quando nos isolávamos, Oswald, Rudá e eu, da indigesta inteligência que nos ocupava os dias inúteis, eu ainda acreditei na possibilidade de um equilíbrio sentimental. Oswald não era pior do que os outros. Não era sequer vaidoso. E, se sempre apareceu como tal, nada mais era que defesa, e defesa de sua personalidade, torturada por uma série de complexos de inferioridade. Nunca teve uma ideia que não fosse ligada à necessidade de pôr à luz uma virilidade em que ele não acreditava. Por duas vezes, agrediu estupidamente jovens em lugares de grande ajuntamento e estou certa de que o fez pela certeza de ser a luta impedida, apenas para conseguir testemunhas de sua "bravura". O mesmo eu notava na emoção inquieta que acompanhava as suas polêmicas pela imprensa e em qualquer outra modalidade de combate. A impotência, ou pelo menos a inferioridade física, sempre foi o seu flagelo, e a sua maior alegria era poder arrebatar Nonê com suas conquistas. Oswald não se interessava por mulher, mas por deslumbrar mulheres. Isso tudo lhe dava, a meus olhos, uma faceta infantil, que chegava a provocar minha complacência e muitas vezes até minha ternura.

Talvez, se o tivesse amado, chegasse a odiá-lo dentro do meu desprezo. Mas nunca amei Oswald. O meu amor exige deslumbramento e Oswald nunca conseguiu me alcançar. Mas esperei que uma compreensão efetiva apertasse os laços da afetividade. Cheguei a querê-lo, ainda muito mais, nessa passagem por Paquetá. Mas foi um produto de meu esforço e de minha imaginação. Se ele me tivesse auxiliado, talvez tudo fosse diferente. Talvez não, e apenas se desse um prolongamento na união fictícia.

Um dia, tínhamos passado uma tarde cretina em discussão sem interesse com a rodinha do Rio. Depois, voltamos para casa. Saímos os dois pela noite. Rudá sorria na nossa frente. Estava comovida e disse, de repente, procurando um apoio que não vinha: "Se eu pudesse te amar...".

Senti os braços se apertarem, mas senti também que tudo era inútil. Havia obscenidade em seu contato. Eu ainda cedia muito a esse contato, mas não escondia a repugnância. Oswald continuava colecionando sexos. A sua boca lembrava-me continuamente um sexo feminino que eu fosse obrigada a beijar.

Entretanto, sentia Rudá mais perto e esperava, esperava nesse desvão da vida a corrente que me puxasse novamente para a luta, para minhas atividades revolucionárias, para a minha luta política, que era minha única certeza.

Se o partido precisasse de mim, deixaria de lado qualquer experiência, qualquer aspiração. Havia momentos em que me indignavam minhas tentativas de acomodação. A minha vida não estava ali em minha casa. Eu já não me pertencia. Deixaria ainda meu filho. Por que me prendia então a ele, se sabia que estava predestinada a deixá-lo? Sabia que se o partido me chamasse, eu iria. Não tinha nenhuma dúvida. E quando o partido me chamou, eu fui.

Odila surgiu um dia em Paquetá. A mesma, impenetrável, sem sorrisos: "Vim passar o dia com você. Vamos para o mar".

Passamos o dia nas pedras. Nadamos, fomos à ilha quase sem falar. Em Brocoió, quiseram nos impedir a entrada, de um lado. Odila me fazia nadar para acompanhá-la. Era uma grande nadadora. Eu apenas podia segui-la de longe.

Conversamos enquanto nadávamos. As ondas alteradas, eu fazendo um grande esforço.

"Você é feliz?", me perguntou.

"Não sei."

"Mas sofre?"

"Sim."

Por que me fizera essas perguntas? Odila sempre me pareceu indiferente a tudo. Ela só se transformava no contato com o mar. A natação dava-lhe mobilidade. Desfazia, então, a rigidez física e chegava a brincar, correr, saltar, mas sem ruído, sem alegria.

Detestava as mulheres e me dizia que só a mim suportava, mas nunca disse por quê.

Não tínhamos levado lanche. Chegamos à tarde em casa. Rudá estava na porta e Odila o beijou.

"Não deixe mais seu filho."

Foi mais ou menos tudo o que falamos durante todo o dia. Quando chegou a barca em que devia partir, Oswald chegava. Quis apresentá-la, mas ela não quis parar.

"Não gosto dessa gente."

Pensei em Hélia e perguntei:

"Você pode dizer como Hélia morreu?"

"Hélia? Pergunte a Nonê."

E depois:

"Encontrou um cancro."

Ficou de voltar no dia seguinte. Nunca mais voltou. Encontrei-a uma vez na cidade. Disse-me que estava grávida, ia ao médico. Pediu-me para ir junto. Naquele momento, eu estava atrasada para um encontro político. Não podia ir.

Ela então me contou:

"Vi Oswald abraçado a uma mulher ontem, no cinema. Não pense que é por maldade que te falo. É porque eu sei que ela está doente."

Não me quis dar mais informações. E nos separamos. Nunca mais vi Odila. Mas esse ponto teve grande importância nas minhas relações com Oswald. Pela primeira vez em toda a nossa vida, eu o procurei para a união carnal. Mas depois, não pude mais suportá-lo.

Num determinado lugar, que não quero mencionar, uma pessoa qualquer de minhas relações, que não nomeio pelo mesmo motivo, me interpelou: "Alguém quer falar com você".

Olhei esse alguém. Vestido como operário, mas muito senhor de si para um operário. Físico atraente, não muito moço. Antes de dizer "não me lembro", me lembrei. Um dia distante, na Conferência... CM11...

"Instruções do partido. Vem."

Disse-me que o P. resolvera novamente me aproveitar, visto nada constar contra mim que pudesse justificar a continuação de meu afastamento. Mas que me estava destinado um trabalho de responsabilidade excepcional que me daria a oportunidade definitiva de demonstrar minha sinceridade e meu devotamento à causa dos trabalhadores. Disse-me que me ia ser dado um lugar no Comitê Fantasma, o organismo de máxima ilegalidade do partido. Ali, poderiam exigir o máximo de meu espírito de sacrifício, mas que representava também o máximo de confiança.

Naquele momento, ficaria ligada apenas a ele, CM11, que me transmitiria as diretivas. E teria que me submeter às exigências do cargo no Comitê. Nele, as prerrogativas de membro do partido desapareceriam. Não poderia discutir, mas apenas obedecer. Nenhuma pergunta poderia ser feita e nenhuma refutação às ordens transmitidas. Tinha sido escolhida porque esperavam que eu pudesse cumprir com as minhas tarefas etc. O Comitê Fantasma era um organismo tão secreto que mesmo alguns membros da direção do PCB desconheciam. Era um organismo da IC no Brasil. Eu deveria permanecer, aos olhos da base, desligada da política, da luta política. Sem dúvida, aceitei. E sem hesitação.

Deu-me as instruções para o primeiro trabalho. Devia ir à casa de Villar e Ene, apropriar-me de um documento que ele deveria estar redigindo para a IC.

Achei estranho que à IC pudesse interessar um documento que fosse a ela dirigida. E quis fazer a observação. Em vez de me responder, CM11 disse-me apenas: "É justo que você custe um pouco a se habituar, mas você esqueceu que não pode ter curiosidade? Vá. Você tem plena autonomia na ação, contanto que consiga resultado. E me encontrará daqui a dois dias".

Fui para casa. Claro que em grande agitação. Procurei meu filho, corri para as pedras negras e ali chorei um tempo enorme, assustando meu Rudá, que me agradava como se fosse eu a criança. Não seria mesmo eu a criança? Por que chorava? Exigiam o máximo de mim e eu daria o máximo. Mas não era ainda o máximo. Não sei por que chorava, se estava doida de alegria. Mas não eram lágrimas de alegria. Chorei muito tempo. Não choraria mais durante muitos anos.

Quando a gente julga não estar ainda completamente degenerada, quando se dá ainda importância a toda essa série de conceitos inventados pelos homens, mas tão repetidos que acreditamos neles como verdades eternas — lealdade, verdade, sinceridade, honra. E do outro lado, infâmia, vergonha...

Escrava da ética estabelecida, hoje sou de outra, a que estabeleci posteriormente.

Lama. Estava no meio de lama, cheirando a podridão. Salvava-me o espírito de sacrifício pela causa que me levava à lama. Sempre pensei em lutar abertamente pela liberdade do proletariado. Gritar aos quatro cantos a minha decisão, a minha opinião. Atacar o inimigo frente a frente, orgulhosa e vibrante como os bons ladrões dos folhetins, que roubam deixando o nome estampado nos locais de delito. Combater lealmente, fiel a um código de honra — sem timidez, hipocrisia, sem mascarar minhas ações.

Mas eis-me membro do Comitê Fantasma, obrigada à dissimulação, à intriga, ao fingimento, a toda espécie de maquiavelismo repugnante...

Fui à casa de Ene e Villar. Como me sentia ridícula no meu papel de Mata Hari provinciana. Dancei naquele quartinho, onde reinava a pureza e a lealdade, toda a hediondez para a qual estava credenciada. Tomava mentalmente nota de tudo o que falavam. Pus-me ao lado da revolta natural

— estive de acordo com tudo — e consegui pedir o documento que estava sendo redigido, para dar o meu palpite. Depois de grande relutância, entregaram-me para que eu lesse e devolvesse no mesmo dia.

Saí como um trapo dali. Era necessária uma cópia, pois não teria tempo de entregar a CM11 o original... Depois pensei — só então pensei: se estou num organismo diretamente ligado ao Komintern, por que exigem de mim um documento que deve ser enviado ao Komintern? Todo ele era uma crítica ao PCB, uma defesa de um ex-dirigente que não estava de acordo com a sua expulsão. Eu sabia que um dirigente podia apelar para a IC, em caso de afastamento... Por que queriam esse documento, que não deixava de ser fiel aos estatutos da IC? E pensei nos bons propósitos de Ene e Villar.

"Vamos esperar a decisão da IC sobre as injustiças que sofremos. O nosso crime é a nossa união íntima."

Villar tinha uma companheira, é verdade, mas estava já separado dela quando o conheci. E eu era livre. Não há nada que me envergonhe nisto. Villar era um operário e eu, uma intelectual, mas nossa união só poderia favorecer o nosso trabalho. Nós nos completaríamos...

Quem sentia vergonha era eu. Da minha deslealdade e da infâmia das minhas aprovações mentirosas.

Eu não compreendia nada, mas sofria. Entreguei, com certeza, corando, a cópia do documento a CM11 e não pude deixar de observar o que pensara antes.

"Acho que não há nada de mal na apelação de Villar. Não está de acordo com a expulsão. É justo que recorra."

Não tive resposta no momento, a não ser um sorriso, um sorriso de indulgência por minha incompreensão... E depois: "Você trabalhou direitinho. Agora vai fazer coisa mais difícil. Procure Emídio Miranda. Sei que você já o conhece. Procure sondar a posição dele junto a João Alberto e o que há sobre a cisão de 3 de outubro. Tome conta de Emídio de qualquer forma para saber com exatidão a posição dos militares. Com quem poderemos contar, se resolvermos dar um golpe contra o governo provisório, para o estabelecimento de um governo popular em colaboração com os oficiais mais de vanguarda?".

Deu-me explicações mais detalhadas sobre o assunto, que não necessito expor aqui, e pus-me em campo.

Realmente, eu conhecia bastante Emídio, mas não o via havia muito tempo. Sabia, entretanto, que os oficiais do Exército se reuniam num café, não me lembro agora o nome, mas era situado em frente ao Globo. Estive ali algumas tardes até encontrar o capitão Hall, que me deu notícias de Emídio e prometeu trazê-lo no dia seguinte.

Em diversas entrevistas, só consegui um desinteresse absoluto de Emídio por questões políticas. Não podia insistir no assunto sem declarar francamente o motivo de minha insistência. Falei sobre isso com CM11, que me perguntou abruptamente: "Emídio não demonstra nenhum interesse particular por sua pessoa?".

Nunca tinha reparado nisso. Apenas amizade comum. Nininha, sua mulher, tinha sido minha amiga.

E CM11 me ordenou ainda: "É preciso que você consiga isso. Talvez já haja esse interesse. Repare".

Verifiquei: nada. Mas CM11 exigiu que eu obtivesse de qualquer forma as informações.

Resolvi falar então abertamente com Emídio sobre a questão. Tínhamos nos encontrado no Café Nice rapidamente, como das outras vezes. E ele pediu-me uma entrevista maior.

"Não podemos falar aqui sobre isso. Espere-me hoje à noite na Cancela."

E à noite: "Já estão reparando demais nos nossos encontros. Você é uma menina livre. Não se importa de ir comigo a um hotel? Lá nós conversaremos". Respondi: "Não, não me importo. Vamos".

Tomamos um carro. Descemos num hotel qualquer.

Hoje, não lembro com exatidão as informações que exigi de Emídio. Deu-me todas. Disse-me que não poderíamos desprezar João Alberto — naquela época, o partido fazia grande campanha contra ele —, que estava disposto a colaborar conosco. Pediu-me uma ligação direta com a direção do partido, dizendo que inúmeros oficiais estavam prontos a colaborar para a organização de uma frente única popular contra o governo de Getúlio. (Nem se pensava ainda na política de frente popular.)

E depois, achou que deveria tratar do seu caso particular — quero dizer, do nosso caso particular — e quis abraçar-me.

■

Sempre havia admirado Emídio. Era um homem interessante. Tinha mesmo grande entusiasmo por ele. Ele me impressionava mesmo fisicamente. Não me lembro precisamente o que foi dito nesse momento. Apenas uma frase eu guardo: "Tirar da vida tudo o que ela nos possa dar". E os seus lábios de desejo e de vontade. Os braços me cingindo fortemente. Houve uma perturbação indefinida. Depois de Oswald, eu nunca pensara em outro homem. Emídio era adorável. Eu ali estava para uma tarefa política. E não tinha por acaso horror a tudo que se relacionasse a sexo, a sexual? Sabia que nunca me perdoaria. Não era nenhum preconceito de fidelidade a Oswald, mas fidelidade a mim própria. Como sairia dali? Não. Nunca cederia. Mas, e se tivesse vontade, por que não? O lábio inferior sensivelmente saliente. Aquele semblante marcado e notável. Os meus lábios já estavam tomados. Sim, Emídio me beijara e me deliciava com isso. Depois, teve uma frase brutal. Se não fosse essa frase, talvez tudo se passasse de forma diferente. Mas aquelas palavras demasiado vulgares, íntimas e estranhas me repugnaram. Muita bestialidade para um início. Consegui me desvencilhar.

"Não queres?"

"Não."

O animal desaparecera. Apenas o tenente Emídio Miranda à minha frente. Polido, geométrico e notavelmente desinteressado.

"Julguei ver apelo em você. Não teria feito o que fiz. Vamos embora."

Saímos. E ele pediu: "Mande outra pessoa falar comigo. Não quero mais ver você. A menos que você decida anular a resistência".

Na mesma noite, dei parte do ocorrido a CM11. Ele esperava-me havia horas na praça Mauá.

Não poderia voltar a Paquetá nessa noite. Não havia mais barcas, mas Oswald estava prevenido. Sabia que eu tinha um trabalho a realizar à noite.

Essa noite, na praça Mauá, sentamos-nos num banco. Eu tinha uma pasta nos joelhos. Cantavam um tango na porta da *Noite*. As janelinhas da *Noite* em fogo. A lua. A luz vermelha. O fecho de minha pasta era uma mancha sangrenta e reparei nos guindastes negros de navios fantasmas. Comitê Fantasma. Eu era um fantasma nessa noite cruel e de delícias. Sofria, mas ainda era feliz...

Eu tinha um passaporte falso na vida. Passaporte que Charles Plisnier pôs depois em comércio no seu livro de memórias. Eu também acreditava na grande verdade escolhida. Dar a vida é natural. Todo mundo dá. Precisamos dar mais que a vida. A honra. O que tinha sido a honra para mim? O que sabia eu de honra, a não ser a tapeação inventada com os direitos da família burguesa? Honra era servir à revolução. Moral revolucionária. Tudo o que serve à revolução é moral. Imoral tudo o que está contra ela. E a dignidade humana. Pode-se ser dignamente revolucionário sem se ser dignamente humano? Mas o que vem a ser dignidade humana? Eu tinha me entusiasmado naturalmente por Emídio. Depois naturalmente eu o repeli. Nada disso tinha a ver com o meu trabalho, que tinha resolvido a contento. Se tivesse estado com ele naquele hotel, culparia indecentemente o partido. Estava satisfeita por não ter cedido. E me envergonhava por ter estremecido gostosamente com o seu beijo. E não me arrependia da oportunidade. Mas as palavras boçais que o nivelavam a Oswald... Então surgia a mesma repugnância. Não. Nunca amarei outro homem. Nunca desejarei outro homem. E CM11 me falava. E senti que os seus dedos apertavam os meus. "Tens que dormir aqui no Rio. Vamos procurar um hotel."

Hotel, hotel, hotel... Por que existem hotéis no mundo?
"Por que você toma um quarto só?"
"Não seja idiota, menina. Quer chamar a atenção sobre nós? Cale a boca."

Subimos para o mesmo quarto. CM11 deitou-se no chão, arrancando uma coberta da cama. Deitei-me vestida. Notei que ele dormia e dormiu até o dia seguinte. Não pude dormir. Cedinho, saímos, mas, antes, nos cumprimentamos, como se não tivéssemos dormido no mesmo quarto. CM11 levou-me às barcas.

"Pensaste que eu fosse te cantar esta noite, hein? Agora te digo: sabes que te amo? Vai descansar. Volta amanhã, no mesmo ponto."

O nosso ponto ficou sendo aquele barzinho da Lapa. Lá conversávamos sobre o trabalho. E, às vezes, CM11 falava de amor, da vida que ele desejaria ter ao meu lado. Eu não respondia nada. E nunca me fazia perguntas sobre os meus sentimentos. Aliás, antes de eu falar qualquer coisa, me interrompia. "Vamos deixar isso. Agora não há tempo para questões pessoais." Sem dúvida que teria uma resposta negativa se me fizesse qualquer proposta. Estava farta de encrencas, não tinha maior interesse por ele e queria servir ao partido e só ao partido. Logo me pôs em contato com outros membros do Comitê Fantasma, pois teríamos que agir juntos num determinado trabalho que se preparava. Foi então que, para grande surpresa minha, encontrei entre os membros de confiança o sórdido Picolé.

E pouco a pouco fui percebendo o verdadeiro caráter e as atribuições do Comitê Fantasma.

Muita gente já ouviu falar nessa organização anexa do partido. Muitos membros, muitos comunistas duvidavam de sua existência e ainda muitos outros deturpavam suas atribuições. Ninguém sabia que o Comitê, já naquele tempo, tinha suas ramificações no centro da malandragem carioca. Ninguém sabia das ligações que fariam abrir a boca dos "militantes decentes" da honrada vanguarda proletária brasileira. Batedores de carteira, caftens, assaltantes, tudo ligado indiretamente ao PCB. Os malandros do mangue não percebiam que, a seu lado, participando de suas roubalheiras, estava um membro do PCB. Nem a prostituta que apanhava não sabia que estava concorrendo para alimentar a propaganda comunista no Brasil, não sabia que estava pagando a pensão de um dirigente ou a viagem de um funcionário que precisava, para o bem da ilegalidade, embarcar em primeira classe e alimentar a bordo a aparência de um burguês endinheirado.

Todo trabalho que o direito burguês qualificava de crime comum era realizado pelo Comitê Fantasma. Os seus membros estavam divididos em três bureaux que o compunham: o de contraespionagem, o de finanças e o de depuração.

O bureau de contraespionagem era nobremente encarregado da luta contra a espionagem policial e burguesa, tendo por atribuição imediata e tarefa mais importante: espionar os próprios membros do partido que tentavam se opor ou que eram suspeitos de divergir da IC. Eram os detentores do livro negro em que ficavam marcados os nomes dos que se atreviam à menor sugestão ou a levar avante a menor crítica à orientação política ou diretivas da IC. Tinha o direito de provocar qualquer discussão nesse terreno, simulando mesmo oposição, para saberem com exatidão o pensamento íntimo dos membros do partido.

Os membros sujeitos ao bureau de finanças tinham por tarefa conseguir dinheiro para o PCB de qualquer forma, em qualquer fonte e por qualquer meio. Naturalmente o dinheiro entregue à direção do Comitê Fantasma, toda ela ligada à IC, tinha um destino que ninguém sabia, e eu muito menos. Mas não houvesse um grupo de fanáticos prontos a se sacrificar, muita sujeira teria aparecido. Falaremos, aliás, mais tarde sobre isso. Porque alguma coisa tinha que suceder. As atividades do Comitê Fantasma não poderiam ficar eternamente incógnitas.

Falemos ainda, no momento, do bureau de depuração, ao qual estavam sujeitas também as direções das brigadas de choque. As atividades das brigadas de choque já não podiam, por seu caráter mais coletivo, ficar de uma forma completa na ilegalidade absoluta, mas eram deturpadas ou então de conhecimento incompleto.

Surgiam aos olhos do proletariado como grupos de elementos dedicados ao extremo, corajosos e dispostos a sacrificar diariamente a liberdade e a vida pela causa revolucionária. Assim, dedicavam-se aos trabalhos não da maior responsabilidade, mas àqueles que exigiam mais arrojo.

Mas além dessas brigadas que surgiam quase ilegais para enfrentar uma possível reação, cujos membros sempre conhecidos da polícia tinham que viver em permanente ilegalidade, havia as outras, as do serviço especial, menos comuns, menos numerosas e absolutamente desconhecidas. Estas possuíam dons extraordinários, quando o partido necessitava de dinheiro com urgência e ia se fornecer no bureau das brigadas especiais. Aí não faltava nunca ou era questão de horas.

As brigadas especiais sabiam afastar um elemento pernicioso ou eliminar as atividades de um dissidente de valor. Conheciam todos os meios fáceis de depuração. Sabiam transformar a exaltação em docilidade e não havia segredos para eles. Fé e chantagem. Todos os meios eram meios.

Pouco a pouco, fui me iniciando nessa escola de valores revolucionários. E — por que não dizer? — achava a organização justa, inteligente e essencialmente política.

Apenas os membros do Comitê Fantasma, na sua maioria para mim, eram indignos de seus postos, e eu não tinha confiança na sua atuação nem no seu silêncio.

Falei a CM11 dessa minha impressão, que, aliás, foi se acentuando até a repugnância. Começava a ver lama demais.

Mas o fato é que eu me escravizava também cada vez mais ao Comitê através de CM11, por quem me achava já mais ou menos fanatizada. A sua maneira de agir, mesmo a forma com que falava do seu amor, em nossa vida futura, sem exigências sexuais, sem as atitudes e familiaridades que eu estava acostumada a perceber nos homens que conhecia, concorria para esse estado de deslumbramento. Eu não o amava, não fazia nenhuma promessa, não pensava em nada quando o ouvia. Havia muito movimento em tudo.

Um dia, todo o meu ser tinha que se revoltar. CM11 encontrou-me, como de costume, na cervejaria alemã na rua da Lapa. Disse-me antes de qualquer coisa, como se me transmitisse uma ordem: "Acho que vamos viver juntos". E, depois, como eu nada respondi: "Falemos do trabalho. Há duas tarefas importantes a realizar. Ademar foi encarregado de entregar à chefatura três passaportes vindos do Norte. Esses passaportes ainda estão em suas mãos e é preciso que eles venham para as nossas. É necessário também que ele nos informe até onde vai a simpatia de Zé Américo pelo movimento revolucionário. Se num caso de candidatura poderemos contar com ele, em que bases e como. E com quem Prestes poderia contar efetivamente no Norte". E continuou falando comigo, enumerando uma série de informações absurdas que eu deveria obter.

Claro que não pude evitar uma gargalhada: "E você acredita que Ademar poderá me dar todas essas informações? E mesmo se pudesse, você acha que iria falar sobre isso comigo? Comigo?!".

CM11 olhou-me e sorriu. Vi como tremeu, seus dentes minúsculos, negros, apertando o cigarro de palha.

"Você não parece inteligente... ", e, depois de um silêncio: "Na cama, ele dirá tudo. E você terá o que quiser."

Não me indignei com isso, porque o ridículo enchia de comicidade a situação. Coisa de fita de cinema. Pretensão a representações baratas de folhetim. Era apenas indecente e vexante.

"Mas é ridículo!", disse eu. "Estou de acordo com o sacrifício total, se se tratasse de uma coisa que valesse a pena, se se tratasse de vidas e vidas, num momento de luta armada, em plena revolução. Mas assim, para obter ridículas informações, que nem sequer se sabe se serão aproveitadas, acho que é exigir demais das mulheres revolucionárias. Não sou uma prostituta."

"Não se exige isso das mulheres revolucionárias. Exige-se de você, que é uma mulher excepcional. E não é só isso. Precisamos também de uma lista que está nas mãos do chefe de polícia. Você poderá obter isso com Rodolfo. Claro que, com os mesmos meios, você conseguirá."

"Quer dizer que o Partido me nomeou para os trabalhos do sexo. É uma estupidez. E ainda por cima ridículo, ridículo..."

E depois me lembrei do que dissera CM11 sobre nossa vida, amor etc. Enchi-me de ódio e lhe falei sobre isso.

"Sim. Eu te amo. Mas meu amor nada tem a ver com o trabalho revolucionário. Apenas quero que minha companheira seja uma comunista de verdade."

Irritou-me tudo o que falou daí em diante. Estava disposta a recusar qualquer tarefa imunda que me apresentasse.

"Não. Nunca farei nada disso. Estão todos enganados comigo. Naturalmente, vocês vão atrás dos boatos que correm a meu respeito no mundo burguês. Pensam que uma aventura a mais ou a menos para mim não tem importância nenhuma. Uma mulher de pernas abertas: é o que vocês pensam. Nunca, nunca farei nada disso. Façam de mim o que quiserem. Mandem-me matar, que eu matarei seja quem for, mas abertamente, me responsabilizando por tudo. Mandem-me matar o Getúlio ou o diabo. Mandem-me botar fogo na polícia ou enfrentar o Exército inteiro. Dar tiros na avenida ou ser morta num comício. Mas não tomar parte em palhaçadas ridículas, com o sexo aberto a todo mundo."

Sei que falei durante muito tempo. Não é preciso explicar aqui, nem o poderia fazer com exatidão, a minha revolta e indignação. E pensei nas outras mulheres do partido.

"Por que não exigem isso de fulana, fulana e fulana? Elas vivem calmamente com seus companheiros e filhos. E nem por isso deixam de ser revolucionárias. Você pensa que eu poderia estar com um homem qualquer e chegar em casa com a mesma cara? Pensa que eu ousaria esconder de Oswald ou que poderia ocultar dele o que se passasse neste sentido?"

CM11 sorria. Sorria como um demônio. E queria me subjugar com a extraordinária calma de seus movimentos, contrastando com minha agitação.

"Não se trata de Oswald aqui. Você vai deixar Oswald. Vai viver comigo."

"Numa casinha imaculada. Vão para o inferno você, sua casinha e o amor e tudo o mais!"

Levantei-me para sair. CM11 segurou-me fortemente.

"Agora a burguesinha quer fazer escândalos. Sente aí e saiba conversar. Se você tem tanto escrúpulo assim pelo sexual, poderá prescindir dele. Com inteligência, você poderá obter tudo sem dar nada. Os homens são uns idiotas, e você, se quiser, poderá tirar tudo deles. Você está ligada ao Comitê por um compromisso que não se rompe assim, sem mais nem menos. Os membros do Comitê estão obrigados a obedecer e não a dar palpite."

Falava-me sem uma ameaça direta, que estava só em seus dedos me apertando o pulso. Lembrei-me ainda dos vilões e gângsteres dos filmes policiais de Hollywood.

"Você sabe, CM11, que eu não sou uma cretina que vai atrás de frases e que sou bastante independente para me deixar levar. Você me fez lembrar o cáften que Oswald botou num romance dele. Está ridículo e farei logo escândalo, porque não poderei conter as gargalhadas que já estou ensaiando. Exijo que você transmita à direção que nada mais farei sob o seu controle. Quero outra ligação ou não farei mais nada. Se todos os membros do partido fossem parecidos com você, eu perderia o respeito pela organização. Vamos. Dê o fora. Espero outra ligação amanhã."

∎

Má e Inez apareceram no outro dia. A primeira coisa que fizeram para me impressionar foi mostrar-me as credenciais de representantes da IC e as assinaturas de Stálin. Criticaram as exigências descabidas de CM11, atribuindo-as ao fanatismo. O partido não exigia de ninguém monstruosidades. Eram realmente necessárias as informações e uma mulher poderia obtê-las melhor que qualquer homem, com inteligência, diplomacia e mesmo um pouco de coqueteria. Eu deveria tentar e, se não conseguisse, nem o mundo acabaria nem o movimento revolucionário pararia por causa disso.

Inez era insinuante. As suas palavras em espanhol eram uma verdadeira música, acompanhando os enormes olhos sorridentes. E como se o assunto não tivesse grande importância, passou logo a outros. Falamos da questão sexual no Brasil e me disse que era o que atrapalhava em grande parte o movimento comunista, principalmente no setor feminino. E ainda me falou dos versos que o sentimental Otávio Brandão tinha feito aos "olhos negros da deusa vermelha", que, para castigo e humilhação da exaltação tropical, foram lidos em uma reunião em que Berta estava presente.

Falava com inteligência e era muito linda. Conseguiu acalmar toda a minha indisposição contra o Comitê Fantasma. Transmitiu-me autonomia no desempenho de minhas tarefas, que seriam aceitas ou não por mim, de acordo com a minha vontade, conservando apenas, disciplinarmente, a cláusula que me negava perguntas sobre as razões das diretivas.

Depois, apresentou-me um papel que eu devia assinar sem conhecimento do texto. Antes de qualquer observação, que com certeza esperava, fez-me ver que era uma formalidade necessária. Eu estava num posto de máxima responsabilidade. As minhas ligações eram as mais sérias e o partido precisava tomar precauções contra possíveis traições dentro do Comitê. Que o organismo não poderia existir dentro da ilegalidade, se essas medidas não fossem tomadas.

"Se você não pensa em trair, não terá medo de assinar. Pura formalidade, porque você o partido já provou e já conhece."

E assinei o documento que até hoje desconheço.

E procurei Ademar e procurei Rodolfo.

Foi Gilberto quem me apresentou a Ademar. Perdi tardes inteiras no asqueroso Café Simpatia para conseguir certa intimidade com Ademar. Ia conseguindo dele pouco a pouco pequenas informações, sem me atrever a perguntas maiores, que, com certeza, iriam espantá-lo.

Naturalmente, Ademar percebeu que me interessavam as tardes que passávamos juntos. Aliás, quase nunca estávamos a sós. Sempre aparecia Gilberto, ou qualquer intelectual que vinha se sentar à nossa mesa e mesmo Oswald, que passava sempre por ali, para seguirmos juntos para casa.

Um dia, Oswald perguntou-me:

"Você se interessa muito por Ademar?"

"Nem um pouco. Apenas preciso conversar com ele."

Oswald nada mais perguntou.

Um dia, Ademar propôs-me:

"Há muita gente aqui. Vamos mudar de ponto? Para outro café?"

E fomos. Perdi o encontro que tinha com Oswald. Ademar levou-me até as barcas. Lá, ao se despedir, declarou, apertando minhas mãos:

"Estou gostando de você. É preciso que você decida alguma coisa ou deixe de atormentar a gente deste jeito."

Nesse momento, me lembro perfeitamente do desejo que tive de que o chão se abrisse. Mas tive forças para sorrir com superioridade, simulando uma certeza absoluta de resultados. E pude perguntar:

"Você poderia, Ademar, fazer qualquer coisa por mim, muito difícil?"

"Se você for comigo depois de amanhã para São Paulo, farei tudo o que você pedir."

"Eu irei."

"Está bem. É melhor marcarmos um encontro lá em frente ao Municipal. Devo jantar com o Chatô sábado. Lá pelas dez horas. Está bem?"

"Está bem."

Avisei Oswald. Como de costume, nada me perguntou. E deu-me dinheiro para a viagem. Eu sentia que já não agia por minha conta. Na estação, tive a surpresa de encontrar CM11 e Oswald. Não consigo saber como passaram as horas nesse trem.

Cheguei sábado cedo a São Paulo. Procurei papai para passar o dia. Lembro ainda os detalhes ridículos. Um veuzinho marrom que comprei e que devia me dar ares de mulher fatal. O veuzinho pegou fogo depois.

Fui à casa abandonada no fim da linha 30, aonde devia conduzir Ademar. Antes de descer do bonde, resolvi não entrar. Voltei no mesmo instante à cidade. Jantei com papai, que morava sozinho na rua Visconde, e às dez horas esperava num carro, à porta do Municipal. Esperei mais de uma hora, tremendo, desejando fugir e ficando.

Vi quando Ademar se aproximou. Despediu-se de Chateaubriand e de outros e entrou no carro. Fizemos o chofer andar.

Estava apavorada e sem jeito. Creio que passamos uma meia hora sem falar. Como tremiam minhas mãos nas mãos de Ademar. Depois a boca obscena, sorridente, aqueles óculos que eram imorais naquele momento. E sobretudo a voz, que me repugnava com sua moleza.

"Tem preferência por qualquer lugar?"

Eu tinha consciência, sim, de que estava me prostituindo e me parecia que não era obrigada a isso. Uma palavra só e tudo terminaria ali. Mas eu me deixava levar, sem coragem para reagir. Qualquer coisa me imobilizava e sentia que me deixava arrastar pela impotência. Gritava mentalmente contra minha inutilidade e minha falta de resistência. Ridicularizei intimamente o que queria fazer passar por fatalidade. Eu me deixava arrastar estupidamente e continuei.

"Eu te levarei para minha casa, se você responder a todas as minhas perguntas."

Comecei, sem explicações, as perguntas diretas, como se estivessem formuladas num papel. "Quero saber isso... isso... isso..."

"Então foi para isso que você veio? Mas você e os seus companheiros estão muito enganados. Eu nada sei sobre isso. Só posso dizer que a minha simpatia é muito grande pela causa comunista e que estou disposto a fazer o que estiver ao meu alcance."

Achou-se naturalmente, desde aí, com todos os direitos sobre minha pessoa e, em vez de mostrar zanga com a minha chantagem, procurou beijar-me.

Percebendo a inutilidade de tudo, tive forças para reagir e consegui lhe falar:

"Está bem. Foi para isso apenas que cedi. Portanto, você deve me deixar imediatamente, a menos que se resolva a me dar as informações e os passaportes."

Andamos algum tempo. Fiz o carro parar num bar e desci. Ademar desceu também. Eu ria nervosamente, sem nenhum fingimento. Havia realmente comicidade em nós dois, em nossa atitude. Pedimos uma bebida qualquer. E Ademar perguntou. (Desta vez notei, pode ser que me enganasse, mas julguei ver nos seus olhos e na sua boca repugnância por minha pessoa. Achei justo.)

"Você está habituada a fazer esse trabalho?"

"Não. É a primeira vez. Mas farei quantas vezes forem necessárias."

"Você acha que vale a pena? Não para você, mas para mim?"

Senti que a última onda de pudor desaparecia para nunca mais voltar. Era a última manifestação no calor que me envolveu dolorosamente.

"Sim. Acho que vale a pena para você..."

"E se eu contasse essas coisas à polícia? Você me falou com muita confiança e sem nenhum cuidado."

"Você não falará a ninguém sobre isso. Não tenho medo de desmoralização e tudo é muito ridículo."

"Eu vou com você."

"Você me dará as informações?"

"Sim."

"E os passaportes?"

"Estão no Rio. Realizaremos um segundo negócio, se eu gostar da mercadoria."

Já não tinha mais nada para sentir. Fomos para a casa do Bosque. As informações foram redigidas e assinadas por Ademar. Fazia muito frio. Muito frio mesmo. Havia uns velhos restos de roupão. E me entreguei. Sim, me entreguei não como uma prostituta que comercializa pela primeira vez. Com muito maior consciência da sujeira, da podridão e sem nenhuma vergonha mais.

Deixou-me também daí a pouco, como se deixa uma meretriz, com certeza, com o mesmo nojo dos fregueses de bordel. Fiquei enrolada, tremendo de frio, nos restos do roupão.

Logo que regressei ao Rio, procurei o ponto permanente. Entreguei o papel a CM11, que ali estava sem que eu o esperasse.

Naturalmente percebeu o que se tinha passado, sem que eu precisasse falar. E percebi que, daí a momentos, seus olhos choravam.

Deixei-o. Não dormia havia duas noites. Estava fatigada e febril. Passei pelo Simpatia e encontrei Ademar. Veio falar comigo. Disse-lhe que não tinha tempo. Marcamos encontro para o dia seguinte. Ele tinha chegado um dia antes. Só então fui para casa. À noite, falei a Oswald:

"Estive com Ademar em São Paulo."

"Encontrou ou esteve com ele?"

"Estive realmente com ele."

"Gosta dele?"

"Não."

Passei mais uma noite sem dormir, encostada ao ombro de Oswald, que também não dormiu.

No dia seguinte, o garçom do café entregou-me o pacotinho com os passaportes. Ademar convidava-me para jantar laconicamente, num bilhete junto. Fui à tarde ao restaurante indicado. Ele já lá estava. Pediu jantar apenas para mim e me falou:

"Estão aí os célebres passaportes em suas mãos. Sabe que não valem nada? Estão grosseiramente alterados. Ninguém poderá embarcar com eles. Iam apenas para o arquivo. Tenho pena de você, de sua ingenuidade. Tenho muita pena, porque gosto muito de você. Gostaria de encontrar com você em outras circunstâncias e sem que nada forçasse a sua vontade. Quando você gostar um pouquinho de mim."

Pararam aqui nossas relações. Apenas uma ou outra vez, quando a presença de outros obrigavam-nos a apertar as mãos é que o fazíamos.

Mas eu continuei a trabalhar para o partido.

A minha fé continuava inabalável. Apenas criticava intimamente erros cometidos. Era justo que houvesse erros. A experiência e a luta melhorariam o trabalho. Nós estávamos começando a luta no Brasil. Agora, já nada mais importava. Lutaria até cair aos pedaços.

Resolvemos eu e Oswald deixar Paquetá. A nossa tentativa tinha sido inútil. Estávamos já procurando casa no Rio, quando me ordenaram que procurasse conversar com C...ER. Era fácil. Tomávamos a mesma barca todo dia e muitas vezes trocávamos frases banais, porque eu me dava com R. No dia de sua morte, ainda conversei com ele a viagem toda. Falou-me acidentalmente num encontro com C., amante do senador C., que eu sabia pertencer ao Comitê. Depois, deu-se o drama inexplicável.

Mudamos para o Flamengo. Oswald veio para São Paulo e me deixou com Rudá. Tínhamos uma empregada russa que me ajudava a cuidar do garoto, quando eu precisava sair.

Nessa ocasião, eu não saía muito. Apenas ia ver Inez de vez em quando. Abandonei o convívio com os intelectuais. Mas sentia algum desequilíbrio na expectativa. Estava tão unida a meu filho nesse momento. Era o meu conforto. E vivia esperando a hora de seu sono, para cantar-lhe minha carícia e minha angústia.

Uma noite, senti que ele se agitava muito, não conseguia dormir. Antes eu o tinha levado ao parque. Ele queria rodar nos cavalinhos e estava tão contente. Senti que tinha febre. Eu estava sem dinheiro. Oswald ficara de mandar. Eu esperava já havia alguns dias. O apartamento com pensão, que vencia a cada quinze dias, tinha sido pago só na primeira quinzena e a proprietária já me importunava. Não tinha mais coragem de comer ali. Mandava para a sala de jantar o garoto e a governanta e ia comer num restaurante barato do Catete. Depois, sem dinheiro, eu não comia mais. Nem um tostão. O resto que me ficara tinha gastado, na véspera, num telegrama a Oswald, pedindo-lhe que me mandasse algum dinheiro.

Rudá passou mal toda a noite. Não sabia o que fazer. Não tinha dinheiro nem para uma carta expressa. Deixei-o por um momento e fui ao ponto. Talvez Inez me arranjasse uns níqueis. Nem Inez nem ninguém. Voltava meio desesperada para casa, quando encontrei um grupo de conhecidos. O Schmidt, o Murilo e Manuel Bandeira. Não via havia tempos aquela gente. Fizeram um escândalo com o encontro. Logo notaram minha perturbação. Só pude dizer: "Meu filho está doente, estou com pressa". Quis fugir daquela gente que me detestava e que eu desprezava. Murilo seguiu-me.

"Vou com você. O que há? E Oswald?"

"Oswald não está. Rudá está doente e estou sem dinheiro."

Acompanhou-me. Ele também estava sem dinheiro. Deu-me alguns níqueis que possuía. Pegou meu filhinho e disse: "Vamos achar um médico".

Fomos ao Martinho da Rocha e, depois, Murilo conseguiu-me os remédios. Passou a noite ao meu lado. Falou muito e eu conheci um outro Murilo.

Oswald chegou finalmente e tudo se normalizou.

Naquela tarde, encontrei Inez. Pediu-me o serviço que devia ter feito junto ao secretário do chefe de polícia. Não tinha conseguido encontrá-lo. Disse-lhe que me sentia cansada e sem coragem para o trabalho. Desejava deixar o Comitê. Entrar para o serviço ativo e normal. Que já tinha dado provas de minha boa vontade. E pedi à minha incorporação uma célula.

No dia seguinte, fui buscar a resposta. Foi CM11 quem apareceu, para dizer-me: "O E. resolveu por seu afastamento provisório. Você está ficando doente. Precisa repousar. Aconselho uma viagem. Por que você não faz uma viagem?".

Protestei. Não, eu queria trabalhar. Aceitaria um trabalho de base. Mas que não me afastassem dos trabalhos. Seria pior. Eu não tinha outra razão de vida.

Foram implacáveis comigo. Erradicada inexplicavelmente. E CM11 insistiu: "Não fique aqui. Vá embora, que é melhor para você".

Falei com Oswald. Percebia que o partido nada mais queria de mim. O que adiantara tudo? Não conseguira provar minha dedicação, meu desinteresse, minha sinceridade.

E Oswald ainda foi amigo: "Está bem. Viajaremos. Isso é por pouco tempo".

E decidimos sair do Brasil. Disse a CM11 que iria para a Europa. Uma vez decidida a minha viagem, modificaram o rigor. O partido me daria credenciais, se eu embarcasse o mais depressa possível. Nunca soube por quê. Entretanto, para obter as credenciais, tive que assinar um outro documento de texto desconhecido. Eu o fiz sem hesitar. Que me importava, aliás?

Tínhamos decidido ir para Paris. Depois, o partido designou-me a Rússia. Mas deveria embarcar com meus próprios meios. Oswald não tinha dinheiro naquele momento. Arranjou-me seis contos e combinamos que eu iria na frente, via Japão. Ele seguiria com Rudá logo depois.

Em quinze dias, arrumei o que necessitava para o embarque. Passando por São Paulo, sofri uma investida inesperada.

Estava arrumando meu passaporte. Estava em São Paulo por um dia ou dois. Oswaldo Costa procurou-me e pretendeu o seu golpe sexual. Só pude ridicularizar as suas pretensões num tal momento. Embarquei decepcionada, amargurada, mas as minhas credenciais consolavam. Ia ver a Rússia. Ia encontrar um mundo diferente de luta e esperava muito daquele mundo...

O navio deixou o cais. Partindo, eu não sentia nenhuma emoção violenta. Não sei se há equívoco no meu juízo atual. Faz tanto tempo... Mas creio que havia mesmo adormecimento de sensações. Eu, que sempre sonhara com longas viagens, não tinha nenhum entusiasmo. Separava-me mais uma vez de meu filho. Ele sofria muito com isso. Não mais do que em outras vezes. Acreditava que fosse apenas por uns dois meses, como havia sido combinado. E o resto que deixava era muito bom deixar por uma novidade. Mas essa ideia não matava a indiferença, uma indiferença cansada. Fiquei no tombadilho por alguns instantes. Depois, antes mesmo que desaparecessem na invisibilidade os personagens do cais, recolhi-me. Senti que precisava estender o corpo e fechar os olhos.

Hoje, quando relembro toda essa caminhada pelo mundo, sinto que não teve nenhuma importância dentro da minha vida. Tudo o que me sucedeu foi destacado de qualquer situação geográfica. Talvez seja por isso que eu tenha chegado a esquecer locais e cidades em que permaneci, às vezes, por tempo regular.

Não vejo necessidade de falar de meus dias a bordo do *Maru* nem de meu contato com os viajantes, que não se destacavam. Formavam todos um bloco maçante, que eu era obrigada a suportar, assim como me suportavam.

Ninguém se destacava daquela massa desinteressante. A convivência não me interessava e eu passava quase todo o tempo com meus livros na cabine, sem que um entusiasmo maior despertasse. Nada, nada mais queria, a não ser chegar, chegar a uma parada firme onde pudesse recomeçar a minha vida, que era minha luta. Às vezes, trocava uma ou outra palavra com algum membro da tripulação. Era assim mesmo difícil, pois, a não ser pelos oficiais, só se falava japonês.

Assim chegou o vapor ao Pará. Começa aqui o anedotário. Talvez toda a minha vida, tudo o que escrevi até então não passe disto. Apenas historinhas ridículas. Mas eu não penso assim. Chamo aqui de anedotas os fatos diversos de minha viagem, os que talvez forneçam um conjunto turbulento de vida e de outras vidas, mas aos quais eu não dei maior importância. Pretendo, por isso, passar rapidamente por eles ou mesmo nem citar muitos deles.

    Chegando ao Pará, tive uma recepção inesperada. A eterna história dos intelectuais modernos, que se acham na obrigação de fazer circulozinhos em torno de qualquer nome que a imprensa publica duas vezes na crônica escandalosa. O meu nome tinha chegado até o Pará de qualquer forma e eu tive que aguentar as boas-vindas do mundo literário chefiado por Abguar. Os passeios pela cidade, conversinhas de café, novidades em câmbio etc. Acabaram me deixando nas mãos de um padre, que me levou a um cinema, de onde tive que sair às pressas para não me atolar na batina. Esse incidente levou-me a bordo. O Pará repugnava-me como último reduto obsceno do Brasil, que, felizmente, pensei, deixava talvez para sempre.

    E a viagem continuava. Até New Orleans, um pouco mais de contato com o pessoal de bordo. Mais com as crianças.

    Pensando na minha estada mais demorada em New Orleans, menor em Galveston, na Califórnia etc., surgem-me, é claro, uma infinidade de fatos, de passagens, de incidentes... Eu não estou redigindo um livro de viagens nem fazendo reportagem sobre os locais visitados. Que importância tiveram para mim, a não ser momentaneamente? Horas mais divertidas, pequenos prazeres intelectuais, desgosto, cansaço, mas nem decepção nem surpresas.

Era como se já conhecesse tudo. Teriam trazido esses fatos alguma contribuição à minha maneira de sentir, de pensar, de viver? É possível. Mais experiência? É possível. Mas não tenho noção sensível disso. Maior ou menor centro, a mesma humanidade, a mesma exploração de uns pelos outros, a mesma dominação de uma coisa sobre outra. Um mês de Estados Unidos. Os fatos diversos. O espetáculo do cais como primeira impressão. Os estivadores barbaramente castigados pelo algodão. Um chofer que queria me explorar e que acabou me mostrando a cidade. Aliás, melhor que qualquer agente de turismo. O contato direto com contrabandistas. Provar por provar o contato com as tabernas proibidas. Um homem que me assaltou numa rua de madrugada. Chegamos a rolar pelos tijolos de uma construção. Devia ser um trabalhador do cais, penso, pela sua indumentária. Tinha-me mostrado dinheiro antes, pensando talvez que eu não acreditasse em resultado, porque estava maltrapilho. Os tijolos me arranharam e o contato me despertou ligeiramente um desejo de aventura, mas logo repelido. Deixou-me. Eu continuei na madrugada pensando coisas ridículas. Depois, ainda perseguições sexuais, prevalecendo em número qualquer outro sucesso. Mas todo o meu ser desprezava qualquer insinuação. Como dão importância em toda parte à vida sexual. Parece que no mundo há mais sexo que homens... Aliás, há tanta puerilidade, tanta mediocridade dentro do assunto, quero dizer, o modo como é encarado o assunto pela humanidade, que quase é eliminada a indignação. Eu sempre fui vista como um sexo. E me habituei a ser vista assim. Repelindo por absoluta incapacidade, quase justificava as insinuações que me acompanhavam. Por toda parte. Apenas lastimava a falta de liberdade decorrente disso, o incômodo nas horas em que queria estar só. Houve momentos em que maldisse minha situação de fêmea para os farejadores. Se fosse homem, talvez pudesse andar mais tranquila pelas ruas. Mas o verdadeiro tormento só mais tarde surgiria por esse lado.

Roulien me esperava em Hollywood. Viu-se na obrigação de me introduzir nos meios cinematográficos. Era inteligente e um bom companheiro. Mas, com a morte de Tosca, tive que aguentar a sordidez de Paulo Magalhães, que, fazendo sucesso entre as estrelas, reunira uma dezena delas para bandalheiras vulgares. Sendo também hóspede de Roulien, fui obrigada a aceitar a imunda companhia, o que terminou, aliás, em um ridículo escândalo de agressão.

A viagem me parecia interminável. Da América para o Japão, um bando de turistas irrespiráveis.

Finalmente surgiu Yokohama e depois Kobe. Eu tinha uma conta no navio e nenhum tostão. Bopp foi o primeiro sorriso simpático que encontrei. Que encontrava, aliás, depois de muito tempo.

Minha estada no Japão desapareceu no tempo, sem nenhuma importância para mim. Por mais agitada, ou melhor, movimentada que ela tenha sido, não houve emoção ou sensação que marcasse visivelmente a memória de minha vida. Depois, não é minha intenção reavivar as anedotas que poderiam parecer pitorescas e que talvez, naquele momento, impressionassem a minha curiosidade e a minha necessidade de intensificar tudo. Hoje, tudo o que se passou é escravo do ridículo, da futilidade. Não me condeno por isso. A gente nunca é igual. Desgarrada da vida, certa de que ela não me interessava, procurava o movimento comum da vida. Parecia impossível que uma viagem não me interessasse. Toda a minha infância livre desejava a locomoção num mundo inteiro percorrido. Nem um cantinho escapava da minha imaginação. Desejo de botas de sete léguas, obsessão por refutar Jules Verne, saber o que ninguém sabia contar. Depois, a juventude ambiciosa, a vontade do difícil e do raro.

Cheguei ao Japão, naturalmente. Desci do navio como se descesse de um bonde habitual. Só uma coisa me preocupava. A conta que devia pagar a bordo, que subira sem que eu percebesse. E não tinha dinheiro. A japonesada encrencava, até que apareceu o Bopp para salvar a pátria.

Bopp não conhecia o Japão que eu procurava. Não foi meu cicerone, mas foi muito amigo. Você, Geraldo, é a única pessoa que sabe que foi muito e apenas meu amigo. Nunca existiu maior aproximação, a não ser esta e a pequena tentativa sentimental dos meus dezoito anos. Aliás, nesse segundo encontro, não houve sequer referência. É difícil para a nossa humanidade que alguém tome atitudes diferentes das habituais. Eu mesma estranhei o comportamento de Bopp. Tanto que contava todos os dias com uma mudança que nunca se deu.

■

Recomeço esta noite. Quase não tenho agora tempo de escrever isso. Isso significa apenas isso. Continuo não sabendo por quê. Hoje chego a achar cômica esta maneira de contar coisas, cortando uma vida em partes, deixando para amanhã o resto, voltando sempre a um ponto de partida diferente.

Estávamos aqui, estávamos ali. Agora, cheguei não sei aonde, mas eu quero escrever; portanto, volto ao Japão. Sim, estou novamente nesse país, vivendo sem significação, passeando pelos acidentes esse meu corpo, que acho sinceramente desprezível, mas que tenho em grande conta, visto fazer dele o centro de tudo, mesmo do universo. Não vou falar do que vi nem do que fiz. Falo ainda deste corpo e da inquietação que ele carregava. Da insatisfação que ele gozava e alimentava. Apenas procurava, não sei o quê. Aliás, mesmo que eu quisesse relembrar os pormenores, não conseguiria. Tudo se mistura no barulho das guetas numa calçada, uma infinidade de luz e cor indefinível. Insensibilidade pelas pequenas coisas. Quase morte animal. Já não existia sensualidade. A ideia do sexo me repugnava. Queria locomoção e movimento. Queria chegar à meta das confirmações almejadas. Talvez em Moscou sucedesse o milagre. Pequena curiosidade pela China. Sim, queria ir à China o mais depressa possível.

Estava sem recursos. Esperava dinheiro do Brasil, mas estava custando a chegar, e assim era obrigada a adiar a continuação da viagem. Enquanto isso, procurava encher os meus dias. Bopp notou que me entediava em Kobe. Fez-me ir a Tóquio. Estive ali uma semana. Só tenho a dizer que vi uma grande cidade, nada mais. Por que chamam de exótico o Japão? Vi um incêndio em Tóquio. Foi o que pude perceber. Para que falar em Nara, Kyoto, Takarazuka etc.?

Procurava talvez a humanidade e ela não existia na humanidade. Tudo me decepcionava. Não sabia o que procurava, mas não encontrava nada. Nada. Não tentei aventuras sexuais para o meu sexo adormecido. Procurei os intelectuais revolucionários. Fracasso. Grupo de presunção ou de idiotas covardes. Procurei o proletariado japonês. Proletariado de todo mundo. Isso se resumia, então, para mim, em esperança e em desconfiança. Não havia dúvida revolucionária. Apenas não houve novidades. Nem mais forte nem mais intenso. A vanguarda, a mesma de sempre. Pequena minoria vomitando chapas. Um ou outro sobressaindo da massa com expressões mais fortes.

Não podia mais. Bopp ajudou-me a ir para Xangai. Outra grande cidade internacional. Tinha ido apenas por uma semana. Voltei amargurada ao Japão. Vi a fome em Xangai. Na população dos rios, nas crianças e na morte, encontrei o combustível para a máquina morta. Quis viver muito nessa ocasião. Desejei um milagre para salvar sozinha a vida da China. Quis ser um monstro. Voltaria à China. Ô se voltaria!

Bopp influenciou-me novamente. Devia assistir à coroação do imperador da Manchúria. Não existem mais imperadores. Talvez nunca mais existam. Apesar de postiço,

talvez único. E as coisas únicas têm o seu valor. Decidi-
-me. Sinto disso tudo, hoje, a neve nos pés. Muita neve. O
espetáculo sumiu. Lembro-me da fome e da morte. Fome
e morte em toda parte.

Voltando ao Japão, só tinha uma ideia. Precisava da
China. Enquanto esperava a possibilidade, quis brincar
com o fogo. Coisas ilegais e proibidas. Foi engraçado no
começo. Depois foi enchendo, enchendo... Queria voltar à
China. Não suportava mais o Japão, terrinha chata. Recebi telegrama, dizendo que o dinheiro chegaria logo. Bopp
prometeu adiantar-me. Como partisse um navio para Dairen no dia seguinte, resolvi tomar passagem. De Dairen
desceria em Beijing. Bopp me enviaria dinheiro para lá,
pois no momento conseguiu-me apenas para a viagem.

■

Lembro-me de um dia em Dairen. Esperava interessada
a hora de um jantar, para o qual eu tinha sido convidada
por Taytina. Tinha passado a tarde com pessoas notáveis.
Quero dizer, socialmente notáveis. A sra. Hayakawa, dona
da South Manchuria Railway, e um dos seus dois peque-
nos, o Endu Nehru. Nehru achava-se em Dairen em semi-
-ilegalidade, para dirigir o Congresso da Independência
Asiática ou qualquer coisa parecida. Eu o tinha conhecido
ligeiramente a bordo. Depois, tornei a encontrá-lo como
vizinho no Yamato Hotel.

Precisamente nessa época, deixara de ser o discípulo
de Gandhi para fazer-lhe oposição, procurando na juven-

tude a grande força da dissidência. Enquanto ele explicava toda a base de sua teoria, eu ia fingindo que compreendia tudo. Intimamente, a minha vaidade era humilhada mais do que a minha curiosidade, por não saber inglês. Parece que só depois de algum tempo percebeu o negócio. Apresentou-me então a Dakotoim Haiakawa, com quem eu poderia entender-me em francês. Bonita pra burro a Dakotoim. Pegou-se a mim como uma sarna e não tive mais descanso nem sossego. Tendo que encontrar Taytina, pude estar algum tempo só.

∎

Continuo deixando de lado as peripécias esportivas. Mas é tão difícil falar do resto. Sinto a terra encontrada. Encostada no mar de pedras, senti que havia valor em mim. Chorando depois de tanto tempo, desconfiando de minhas lágrimas, que bem podiam ser atitude ainda, atitude composta. Mesmo naquela época, tinha medo do teatro em que podia me fazer personagem. Que vontade de seguir eternamente aquela muralha que recorta a maior tragédia que existe na Terra. Andava não sei se aterrada, mais livre no mundo todo. Todas as expansões estavam abertas. Os enormes homens do Norte passeavam prometendo todas as audácias, todos os amoldamentos. Pensei em ver pela primeira vez a dignidade humana. Eram os *coolies* que me davam essa impressão.

∎

Qualquer descrição é inútil. Quem se tinha por revolucionária só poderia ver um terço da população chinesa vivendo nos juncos dos rios. Eu tenho pudor da realidade da China. É tudo tão miseravelmente absurdo que eu nunca tive coragem ou ânimo de narrar o que encontrei ali. A mentira, a fábula grotesca me horroriza pelo ridículo, e eu mesma penso que tudo o que vi foi mentira.

As crianças e os ratos. O excremento e as feridas. O lixo de cadáveres recolhidos já desmanchados pelos carros de limpeza. Os chicotes matando, as torturas públicas no povo revoltado ou no povo indiferente até ao terror. No teatro, vi dezenas de mulheres morrendo. Como riam as mulheres mortas. A verdade foi apenas o lodo amarelo do Yang-Tsé que encheu meus olhos, meu cérebro, minha vida até hoje. Para que falar da China quando o *coolie* sabe calar? Eu já quis salvar a China sozinha, mas vi o chinês fumando nas margens do Yang-Tsé. Ele sentia a fumaça no cachimbo vazio. Ficou com os olhos no lodo amarelo do rio, que estava no seu cérebro. Suicídio por inanição. Depois o corpo mergulhou.

Não, eu não falarei da China. Nem do tempo em que vivi em Beijing. Não me pergunte nunca o que vi nem o que senti ali, porque só direi que vi o lodo dourado do Yang-Tsé, que vivi no lodo dourado do Yang-Tsé. Quando saí de Beijing, a morte vinha me acompanhando. Às vezes ela brincava de esconder, se escondendo na capa da revolução. Mas antes de se afastar, me dizia: "Pode viver tranquila. Viva, porque você poderá morrer quando quiser".

Oswald me telegrafara que partia com Rudá para a Europa, mas isso já fazia tempo. Não recebi mais notícias, nem chegava o dinheiro que ele prometera enviar. Eu estava na Manchúria. Não tinha ali possibilidades de ganhar a não ser miséria. O que conseguira armazenar para a viagem ia voando. Seria melhor partir logo para Moscou, que era, desde o início, a finalidade de minha viagem. Tinha me demorado na China mais do que pretendia. Então, longe já de Beijing, voltei-me exclusivamente para a meta.

Nada houve nesse mês de adormecimento e expectativa. Houve um tédio tremendo que ia até a angústia do aniquilamento. Como era chato o Sungari com as barquinhas de passeio. Como eram chatos os cabarés. Como eram chatíssimos os nobres exilados russos. Como era insuportavelmente cretina a presença dos intelectuais. E para continuar nos intoleráveis "como", o assédio impertinente dos oficiais, que eram cães de todo canto.

Todos os dias, o cônsul soviético adiava a minha partida. As minhas credenciais eram letra morta. Precisava esperar naquele inferno uma ordem de Moscou. E o telegrama nunca chegava. E, todos os dias, o chá silencioso com o secretário da embaixada, com quem eu não podia conversar. E horas naquele corredor com pretensões de mistério. Depois, a vida exterior me torturando. Trancada no meu quarto e mais as miguchas de heroína, para não ouvir o berreiro do Kiepura.

Depois de um mês de náuseas, subi no Transiberiano. O arco da fronteira com a bandeira vermelha descomunal, os primeiros dólmãs do Exército Vermelho. Tudo sorriu na estrela do primeiro *provanique*. Atirei fora a heroína dos dias intragáveis. A esperança escorria de meus olhos, lambendo meu rosto. Toda a amargura só ficou em minha boca.

A Sibéria escorria. Estava obscena de felicidade. O êxtase era absoluto diante da juventude que corria nas gares. Incrível como alguém possa imbecilizar-se assim, diante de chapas e lenços encarnados. E eu me afogava nos borbotões de entusiasmo. Delirei por saber que a mulher de Tukhachévski viajava a meu lado, isso numa cabine de terceira classe. Onde estavam minhas dúvidas e o resultado das decepções? Como fora arrebatada pelo ceticismo que amargurara minha militância no Brasil? Claro que não soubera compreender a evolução progressiva do movimento revolucionário. O partido brasileiro era uma criança, como poderia agir em adulto sem passar pelo engatinhamento e pelos titubeios da infantilidade? Eu era uma trouxinha de mentalidade burguesa me encolerizando no bate-cabeça da primeira barreira. E dizia isso quase em alta voz e ria louca, louca e feliz. A comoção às vezes doía, ao enxergar os vastos campos de esporte em toda a extensão da via férrea e as torres e chaminés que mergulhavam no antigo deserto de neve.

No meu deslumbramento fanático, entretanto, sentia um sopro novo de vida. A estrutura maleável se fazia ainda uma vez sentir, sem que eu mesma precisasse quanto havia de exaltação dúctil. Quantas vezes já havia morrido?

Quantas vezes eu renascia do meu congelamento? Olhava complacente para todos os desastres anteriores. E percebia que me humanizava. Queria abraçar meu filhinho, mostrar-lhe a terra feliz da liberdade, aquele país miraculoso das histórias que eu lhe contava. Eu mesma duvidara da sua existência exata. E agora eu estava ali, extasiada. Não tinha a menor noção do ridículo. Impus minha neurose a uma pobre missionária que compartilhava minha cabine. Enchi-me de vaidade e empáfia, como se a revolução tivesse sido obra minha. Devia estar insuportável. Exatamente como aquele sujeito qualquer que procurava fotografar-se junto a figurões de projeção para se vangloriar aos conhecidos, me inundava de orgulho.

Além do chefe do Exército Vermelho do Sul, vinha no trem outra personalidade: o comissário encarregado do teatro educativo. É humilhante lembrar o meu enternecimento, quando se dignou dirigir-me a palavra. Seria desonesto a quem pretende honestidade omitir o meu derretimento quando fui convidada a tomar uma sopa. Sem ele não teria perdido propositalmente o trem em Omsk, para só tomar o Transiberiano seguinte, que passaria uma semana depois. A minha bagagem seguiu e eu fiquei passeando naquela cidade da Sibéria, cada vez mais entregue à minha admiração pelo desenvolvimento social do campo soviético e mais firme na minha convicção de que só a revolução comunista resolveria todos os desequilíbrios. Permaneci numa casa de camponeses, ou melhor, de operários agrícolas, pois trabalhavam em máquinas beneficiadoras. Não pude, entretanto, conhecer a família perfeita, pois passavam fora de casa o tempo todo. Estavam realizando ali uma espécie de stakhanovismo, e os trabalhadores, além das horas extraordinárias, realizavam nas cooperativas e na sede do soviete local grandes discussões. Fui a uma das sessões, mas o meu interesse foi mínimo, pois nada compreendia e não havia ninguém para me guiar. Estava bem no meio das crianças, na escola, creche e clubes de pioneiros, onde a maioria já conhecia perfeitamente o francês. Incrível que naquela longínqua cidade da Sibéria houvessem obtido surpreendente resultado no terreno educacional. Aliás, tudo o que observava no meio infantil me maravilhava. O desenvolvimento da cultura, a organização alimentar, a prática esportiva, o conhecimento político. Omsk me surgia como um pedaço de terra perfeito.

Na Sibéria, tive a visão do meu ideal concretizado. Ficou o ponto de perspectiva cada vez mais longínquo. Quilômetros e quilômetros e estou na gare de Moscou.

Eram as mesmas caras dos cartazes de propaganda. Cheias de saúde e poderosas na sua confiança, na força e na vida. Aqueles rostinhos coloridos pelo vermelho dos lenços, agilidade nos corpos bem alimentados, o entusiasmo e a alegria nos olhos. Bem a terra da revolução realizada.

Moscou. Vi coisas feitas e coisas por fazer. Aceitava as empolgantes, desculpava o que não era certo e o retardado. Sentia o paroxismo do êxtase, que culminou com a minha visita ao túmulo de Lênin. Como descrever o percurso real e a velocidade do sangue e a vibração dos nervos, num momento de razão desaparecida? Havia chegado ao último grau de excitação. Quando confundi Lênin com John Reed. Depois foi brutal. A emoção foi intolerável. Saí esmagada. Na rua tumultuosa, tive noção de meu fanatismo. Mas gozei-o delirantemente, deixando que as lágrimas escorressem. Todos os meus minutos seriam da causa que me conquistara. Trabalharia, estudaria, faria qualquer coisa. Daria o meu quinhão à revolução proletária.

Cheguei ao Metropol para jantar com Boris, um oficial do Exército Vermelho, a quem levara uma carta de recomendação. Surpreendeu-me o preparo luxuosíssimo da refeição. Depois o conhaque no terraço do grande salão de baile, onde dançavam em grande rigor de toaletes turistas estrangeiros e moscovitas. A impressão era exatamente a de estar num suntuoso palácio capitalista, onde os garçons enriquecem com as gorjetas. Boris dava-me todas as explicações. O Metropol era uma fonte de renda como qualquer outra, mas não explicou por que residia lá, dizendo apenas ser necessário. Como me desgostasse o ambiente, convidou-me a ir ao subúrbio ver as danças típicas num clube de operários. O clube estava, no entanto, quase vazio. Apenas uma meia dúzia de jovens jogando xadrez. Resolvemos regressar. A noite estava ótima e, como Boris falava espanhol, aceitei fazer parte do caminho a pé, pois a sua companhia me interessava imensamente. Não era muito expansivo. Custava a falar, e tão pausadamente que me impacientava. Houve luar e houve a tentativa de beijo, como em todos os países. Gostei que houvesse essa tentativa, porque tive a ocasião de resistir. Isso me honrava ridiculamente. Não houve insistência. Mais um motivo de deslumbramento. Não sei se teria agido da mesma forma se tivesse havido insistência. A gente não sabe nada. Estava intensamente entusiasmada. Penso, no entanto, que resistiria. A negativa me atraía muito mais. Não havia repercussão sexual. Além disso, estava tão empolgada pelo aspecto político da minha vida que ia matando gostosamente os resíduos da condição humana.

■

Eu me movia entre os vagões desenvoltamente, exibindo acintosamente a minha condição de camarada aos burgueses em trânsito. Dou gargalhadas atrozes do ar de superioridade com que lustrava minhas pequenas condescendências aos viajantes não comunistas. Se outros fatores não desmentissem, diria que só o exibicionismo e a vaidade me haviam levado à luta política. No momento, a minha sinceridade e honestidade eram absolutas, creio eu. Tudo, tudo, contanto que a revolução se fizesse internacionalmente, que a humanidade vencesse, que a verdadeira justiça triunfasse. Que nunca mais as mulheres e crianças sofressem em sua impotência. Que os homens medissem seu valor cara a cara, fora de competições econômicas. E pensava no amor, livre de todo o artificialismo, elevado a seu verdadeiro lugar, enriquecido pela liberdade. Como seria bom poder mostrar àquela juventude do campo ignorante todas as coisas boas da terra. E entrar nas fábricas com a beleza. Cheguei a ver olhos deslumbrados com a nova compreensão. O lago Baikal fosforescente reverberou quadros para a minha imaginação extravagante. Tinha tanta necessidade de concretizar. Todas as minhas leituras surgiam em avalanche junto a meus desejos, minha vida e observações passadas, minha fantasia. Prolongava ao infinito as visões paradisíacas, unindo, nos solavancos do trem, Shakespeare à antiga Grécia mitológica, cortadas de tratores e aviões que, em lugar de bombas, semeavam trigo e, sobretudo, a juventude marchando toda ela com aqueles olhos deslumbrados. As mãos dadas eram obrigatórias. E as crianças cresciam à minha frente para a descoberta de coisas que ninguém conhece.

Não faltou a ofensiva sexual. E a minha repulsa com uma porção de frases feitas. Não havia evidentemente nenhum interesse meu. Aliás, mesmo que houvesse, eu o teria repelido por atitude, que me comprazia. Mas estava empolgada por meu ideal revolucionário. Nada dali por diante, pensava, poderia me interessar, a não ser a luta pela vitória proletária. Boris não foi, no entanto, impertinente, pois não insistiu, e continuamos o caminho amigavelmente.

Boris tinha ido comprar bombons, que eu queria para o meu filho, e eu o esperava num canto da praça Vermelha do Kremlin. Examinava as construções essencialmente russas, admirando o serviço de trânsito, dirigido por mulheres uniformizadas magnificamente. Estava interessada pelos dólmãs brancos e pelo garbo espontâneo de seus movimentos, quando senti que me puxavam o casaco. Era uma garotinha de uns oito ou nove anos em andrajos. Percebi que pedia esmola. Que diferença das saudáveis crianças que eu vira na Sibéria e nas ruas de Moscou mesmo. Os pés descalços pareciam mergulhar em qualquer coisa inexistente, porque lhe faltavam pedaços de dedos. Tremia de frio, mas não chorava com seus olhos enormes. Todas as conquistas da revolução paravam naquela mãozinha trêmula estendida para mim, para a comunista que queria, antes de tudo, a salvação de todas as crianças da Terra. E eu comprava bombons no mundo da revolução vitoriosa. Os bombons que tinham inscrições de liberdade e abastança das crianças da União Soviética. Então a revolução se fez para isso? Para que continuem a humilhação e a miséria das crianças?

Eu tivera vertigens histéricas junto ao túmulo de Lênin, mas então só uma tristeza imensa, uma fadiga quase sem terror, como se o mundo estivesse se desfazendo sem que eu me apavorasse. Fiz o que pude. Fiz o que pude para acreditar nas justificativas que Boris me apresentava. "São vagabundos que não querem trabalhar e fazem sabotagem à construção do socialismo." "Mas como?! Crianças vagabundas num país sovietizado?!"

Deixei Moscou no desfile esportivo. O céu era um céu de aviões e lá adiante, na tribuna, no seio da juventude em desfile, o líder supremo da revolução. Stálin, o nosso guia. O nosso chefe.

DÉCADA DE 1920.

PAGU NA OCASIÃO DE SEU PRIMEIRO VOO, C.1930.

DÉCADA DE 1930.

**PAGU NA BAHIA,
DÉCADA DE 1930.**

PAGU COM OSWALD DE ANDRADE E O FILHO RUDÁ DE ANDRADE, DÉCADA DE 1930.

PAGU COM GERALDO FERRAZ E O FILHO GERALDO GALVÃO FERRAZ, DÉCADA DE 1940.

TIPOS Tiempos e Acier
GRÁFICA Santa Marta
PAPEL Pólen Bold, Suzano S.A.
Setembro de 2020

A marca FSC® é a garantia de que a madeira utilizada na fabricação do papel deste livro provém de florestas que foram gerenciadas de maneira ambientalmente correta, socialmente justa e economicamente viável, além de outras fontes de origem controlada.